GÉRER SON PROJET

En sciences humaines et au quotidien

PRESSES DE L'UNIVERSITÉ DU QUÉBEC
Le Delta I, 2875, boulevard Laurier, bureau 450
Québec (Québec) G1V 2M2
Téléphone : (418) 657-4399 • Télécopieur : (418) 657-2096
Courriel : puq@puq.ca • Internet : www.puq.ca

Diffusion / Distribution :

CANADA et autres pays

DISTRIBUTION DE LIVRES UNIVERS S.E.N.C.
845, rue Marie-Victorin, Saint-Nicolas (Québec) G7A 3S8
Téléphone : (418) 831-7474 / 1-800-859-7474 • Télécopieur : (418) 831-4021

FRANCE	**BELGIQUE**	**SUISSE**
AFPU-DIFFUSION	PATRIMOINE SPRL	SERVIDIS SA
SODIS	168, rue du Noyer	5, rue des Chaudronniers,
	1030 Bruxelles	CH-1211 Genève 3
	Belgique	Suisse

GÉRER
SON PROJET
En sciences humaines et au quotidien

Yves Théoret

2007

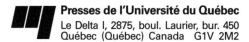

Presses de l'Université du Québec
Le Delta I, 2875, boul. Laurier, bur. 450
Québec (Québec) Canada   G1V 2M2

Catalogage avant publication de Bibliothèque et Archives Canada

Théoret, Yves, 1960-   .

   Gérer son projet : en sciences humaines et au quotidien

   (Collection Communication, relations publiques)

   Comprend des réf. bibliogr.

   ISBN 2-7605-1262-2

   1. Gestion de projets. 2. Sciences humaines – Méthodologie. 3. Planification.
4. Études de faisabilité.   I. Titre.   II. Collection : Collection Communication et relations publiques.

HD69.P75T43 2004   658.4'04   C2004-941219-1

Nous reconnaissons l'aide financière du gouvernement du Canada
par l'entremise du Programme d'aide au développement
de l'industrie de l'édition (PADIÉ) pour nos activités d'édition.

Composition typographique : CARACTÉRA PRODUCTION GRAPHIQUE INC.

Couverture : RICHARD HODGSON

1 2 3 4 5 6 7 8 9 PUQ 2007 9 8 7 6 5 4 3 2 1

Dépôt légal – 2ᵉ trimestre 2004
Bibliothèque nationale du Québec / Bibliothèque nationale du Canada
Imprimé au Canada

Ce manuel,
que nous souhaitons
utile au quotidien,
est dédié aux étudiantes
Catherine et Marianne.

Montréal, le 20 juillet 2004

REMERCIEMENTS

Nous tenons à remercier très sincèrement les « initiateurs » de ce projet, les professeurs Danielle Maisonneuve et Claude-Yves Charron de l'Université du Québec à Montréal (UQAM).

Nous remercions également les professeurs Solange Cormier de l'UQAM et André Lafrance de l'Université de Montréal pour leurs encouragements, et madame Sophie Boulay pour sa précieuse collaboration.

TABLE DES MATIÈRES

CHAPITRE 4

CHAPITRE 5

I N T R O D U C T I O N

Les chercheurs, les étudiants et les professionnels qui œuvrent dans le domaine des sciences humaines (communication, psychologie, science politique, sociologie, etc.) doivent généralement recourir à des ouvrages destinés à leurs collègues des sciences ou disciplines dites « exactes » (chimie, informatique, ingénierie, mathématique, physique, etc.) pour s'initier à la gestion de projet et répondre ainsi aux exigences d'un nombre croissant d'employeurs et d'organisations. À l'ère de la performance accrue, de la mondialisation des marchés et de la concurrence tout azimut, comment, en effet, se priver des méthodes, des outils, des techniques et des principes associés à la gestion de projet?

Les méthodes, les outils, les techniques et les principes associés à la gestion de projet sont de plus en plus utilisés par nombre d'organisations (publiques, privées, internationales, sans but lucratif, etc.) pour la réalisation d'une multitude d'activités (culturelles, de relations publiques, de publicité, etc.). Le respect des délais et des contraintes budgétaires ainsi que l'application de critères de qualité, éléments essentiels en gestion de projet, sont devenus obligatoires pour toute organisation performante ou confrontée aux défis de la concurrence, de la raréfaction des ressources et de la mondialisation.

Bien qu'utiles, les manuels destinés aux administrateurs, aux entrepreneurs, aux ingénieurs et aux informaticiens ne sont pas nécessairement les mieux appropriés pour aborder la gestion de projet dans le domaine des sciences humaines. Ceux destinés aux sciences et disciplines dites exactes renferment certes d'importants renseignements, mais leur nature « exacte » demeure bien, paradoxalement peut-être, « équivoque » pour ceux qui, par exemple, doivent concevoir et mettre en œuvre une stratégie de relations publiques, une campagne de publicité ou, encore, travailler à la production d'une œuvre cinématographique.

Les manuels qui découlent des sciences et disciplines dites exactes portent également davantage d'intérêt et d'attention à la confection de produits « tangibles » qu'à l'offre de services qui le sont moins. Ainsi, les traités savants offrent une foule d'informations utiles à l'administrateur d'une usine, mais bien peu aux employés de l'État aux prises avec l'élaboration d'une politique visant à assurer la production de contenus télévisuels de qualité. Que dire aussi des exercices pratiques peu adaptés à la réalité du vaste domaine des sciences humaines!

Les traités de sciences et de disciplines exactes offrent également peu d'information aux chercheurs, aux étudiants et aux professionnels du domaine des sciences humaines sur les critères de qualité à appliquer et à respecter dans la réalisation de projet. Certes, nous pouvons juger de la qualité d'une voiture en posant que certaines composantes doivent résister à telle ou telle période de temps, mais comment juger de la qualité d'une campagne de relations publiques, d'une campagne de financement, d'une recherche ou encore d'une présentation en commission parlementaire? S'il est aisé de déterminer des critères de qualité en construction résidentielle, puisqu'ils sont quantifiables et généralement prescrits par les autorités, il est beaucoup plus difficile d'envisager et d'évaluer la qualité d'un projet réalisé dans le domaine des sciences humaines.

Gérer son projet en sciences humaines et au quotidien vise à adapter la gestion de projet aux besoins des chercheurs, des étudiants et des professionnels qui travaillent dans le domaine des sciences humaines et qui sont tenus ou désireux de respecter certaines contraintes.

Cet ouvrage est également destiné à ceux qui, au quotidien, souhaitent tirer parti des principes de la gestion de projet pour travailler à la réalisation de différentes activités. Il offre la possibilité de gérer mieux pour profiter davantage de la plus précieuse ressource qui soit, le temps.

Gérer son projet en sciences humaines et au quotidien compte sept chapitres. Le chapitre 1 présente un bref historique de la gestion de projet. Nous invitons trop souvent les chercheurs, les étudiants et les professionnels du domaine des sciences humaines à adopter les méthodes, les outils, les techniques et les principes de la gestion de projet sans les convier à considérer d'abord le contexte politique, social et économique qui a présidé au développement de ce type particulier d'administration et de gestion. Nous oublions ainsi que la gestion de projet découle d'un environnement ou d'un contexte, au sens systémique du terme[1] où les ressources, humaines et financières, de même que le temps sont précieux et limités. Le chapitre 1 vient également « démystifier » le sens du terme « projet », lequel, pour de

---

1. Sur la systémique, voir notamment Ludwig von Bertalanffy, _Théorie générale des systèmes_, Paris, Dunod, 1973.

nombreux « puristes », renvoie à l'unicité et à la nouveauté, ce qui, *de facto*, exclut les projets plus routiniers et, par conséquent, de nombreuses activités. L'analyse, au contraire, nous permet de croire que la gestion de projet est davantage une façon de « faire ». Son adoption, par un nombre croissant d'organisations, permet de conclure à l'évolution du concept de projet. Ainsi, un projet ne serait plus nouveau et unique, mais une façon bien particulière de « faire ». Une section est consacrée au cycle de vie de la gestion de projet. Elle aborde les différentes étapes et les divers jalons qui forment ce cycle et permet de constater que la gestion de projet renferme différentes composantes, essentielles et nécessaires, à la réalisation d'un projet.

Le chapitre 2 traite du contexte dans lequel évolue l'organisation instigatrice du projet. Un projet de relations publiques, qui porte sur les méfaits de l'usage du tabac, commandité par le gouvernement, exige une façon de faire bien différente que les projets parrainés par l'entreprise privée. À défaut de bien connaître l'organisation qui propose et parraine le projet, le responsable de sa réalisation risque l'échec pour des raisons malheureusement bien évidentes pour celui qui a pris le temps nécessaire d'analyser l'organisation dans laquelle se déroule le projet. Cette partie du manuel présente, brièvement, les principales caractéristiques des organisations privées et publiques de manière à permettre au responsable de projet de saisir rapidement ce qui est acceptable, et ce qui ne l'est pas, dans l'organisation étudiée. Par exemple, on a longtemps cru que l'ajout d'hommes d'affaires à une équipe gouvernementale était susceptible d'en accroître l'efficacité. Or, force est de constater que très peu d'hommes d'affaires survivent à ce milieu. Il en va de même des mesures visant à rendre plus efficace et plus efficient le travail de l'administration publique, une structure rigide d'organisation, caractérisée par des dysfonctions spécifiques et particulières[2].

Le chapitre 3 présente les acteurs d'un projet. Il fait valoir les rôles respectifs du propriétaire-client, du responsable et de l'équipe. Il souligne les besoins et les intérêts des uns et des autres, lesquels fondent les objectifs et le mandat qui président à la réalisation du projet.

Le chapitre 4 traite de la faisabilité du projet. Avant d'entreprendre le projet, le propriétaire-client estime généralement nécessaire d'en entrevoir les finalités de manière à concevoir sa réalisation avec succès. Le propriétaire-client souhaite notamment savoir si le

---

2. À ce sujet, voir Michel Crozier, *Le phénomène bureaucratique*, Paris, Seuil, 1963.

projet est rentable, s'il est réaliste, etc., au regard de différents critères. Ce chapitre propose au lecteur une série de critères qui permettent de déterminer et d'évaluer la faisabilité d'un projet.

Le chapitre 5 porte sur la planification du projet, laquelle peut se résumer à un exercice élaboré d'anticipation. Anticiper pour éviter les retards, les dépassements budgétaires, les risques inhérents au projet, etc. Ce chapitre présente au lecteur les composantes qui permettent au propriétaire-client du projet de contrer l'incertitude afférente à tous les projets.

Le chapitre 6 traite de la réalisation du projet et présente quelques-unes des fonctions de gestion nécessaires pour mener le projet à terme. Il rappelle en outre l'importance de l'équipe et des relations interpersonnelles.

Le chapitre 7, enfin, porte sur l'évaluation du projet. Une fois le projet terminé, nous sommes souvent peu disposés à tirer les conclusions qui s'imposent. Or, l'évaluation du projet est une étape nécessaire puisqu'elle permet de consigner les informations et les expériences. Ainsi, le responsable de projet peut se reporter à cette mémoire du «projet» pour entrevoir et anticiper la réalité d'autres projets qu'il pourrait, un jour, se voir confier.

Gérer son projet offre une vision d'ensemble des méthodes, des outils, des techniques et des principes utilisés en gestion de projet. Il se veut simple, formateur et utile.

1

LE CONCEPT DE PROJET

Les grandes pyramides d'Égypte, le Titanic, les voitures de marque Porsche et la IXe symphonie de Beethoven ont été, et sont encore aujourd'hui, des réalisations remarquables. Si remarquables soient-elles, peut-on les considérer comme des « projets » au sens strict du terme, celui que leur donnent les spécialistes et les praticiens de la gestion de projet, ou sont-elles de simples activités ? Comment distinguer un projet d'une activité ? Une opération complexe, mais répétitive ou routinière, comme le lancement de navettes spatiales, peut-elle être considérée comme un projet ? Bref, qu'est-ce qu'un projet ?

Ce chapitre présente le concept de projet et son évolution. Il propose, en outre, une définition adaptée à la réalité des différents domaines qui composent les sciences humaines et au quotidien de nombre d'individus et d'organisations. Il présente, en somme, une définition non orthodoxe, c'est-à-dire hétérodoxe, de la gestion de projet de manière à en accroître l'utilisation par le plus grand nombre.

1.1. QU'EST-CE QU'UN PROJET ?

Pour Bernard-André Genest et Tho Hau Nguyen (1995, p. 28), un projet est un assortiment complexe de tâches et d'activités « ayant pour but la réalisation d'un extrant, un produit nouveau ; ce produit correspond à un objectif fixé au départ, dont l'atteinte est ainsi rendue objectivement vérifiable ». Pour Andy Bruce et Ken Langdon (2201, p. 6), un projet « est un ensemble d'activités destinées à atteindre un objectif dans le cadre d'un budget et d'un délai donnés ». Pour Wilson O'Shaughnessy (1992, p. 2), un projet est plutôt « un processus unique de transformation de ressources ayant pour but de réaliser d'une façon ponctuelle un extrant spécifique répondant à un ou des objectifs précis, à l'intérieur de contraintes budgétaires, matérielles, humaines et temporelles ». J. Davidson Frame (1988, p. 2), Jean-Marie Hazebroucq et Olivier Badot (1996, p. 25-29) proposent aussi bien d'autres définitions des termes « projet » et « gestion de projet ».

Les spécialistes et les praticiens de la gestion de projet évoquent généralement la complexité, la multidisciplinarité, la nouveauté et l'unicité pour définir et spécifier le concept de « projet ». Ces caractéristiques, estiment-ils, distinguent le projet de l'activité routinière qui, comme son nom l'indique, est une action ou une série de tâches inlassablement répétée. Ces caractéristiques différencient les réalisations « uniques » (la production et la mise à feu de la première fusée lunaire) des productions en série (la construction, en série, des plus performantes voitures de sport).

Nous disons d'une situation qu'elle est complexe lorsqu'elle comporte de nombreuses réalités et fait appel à une multitude de composantes. La communication, par exemple, est une discipline universitaire complexe puisqu'elle traite, à la fois, de la conception, de l'émission, de la réception et de l'interprétation de messages, et de bien d'autres choses encore. En gestion de projet, la complexité renvoie à la nécessité d'exécuter de nombreuses tâches, généralement variées, mais interdépendantes, c'est-à-dire liées entre elles, et souvent de manière linéaire ou les unes à la suite des autres, mais pas nécessairement, pour réaliser un projet. Une activité, qui résulte de l'exécution de quelques tâches seulement, ne peut, au dire des puristes, être considérée comme un projet. De nombreuses activités, apparemment complexes, sont ainsi exclues du concept de projet[1].

La complexité du projet commande aussi l'embauche d'un personnel disposant de nombreuses compétences et d'un savoir varié. Un projet, en effet, requiert souvent un personnel formé à différentes disciplines, de là son caractère « multidisciplinaire ». Pour assurer la gestion des organisations, par exemple, des spécialistes en relations humaines côtoient tous les jours des responsables en informatique, en planification stratégique, en communication, etc.

Un projet est par définition nouveau ; il n'a aucun équivalent, aucun précédent. Ainsi, celui qui imagine le projet, l'« idéateur », ne bénéficie d'aucune expérience similaire dont il peut s'inspirer. Il est, par conséquent, impossible de déterminer ou d'envisager avec précision ce que sera le projet. Un projet, bref, se conçoit et se réalise dans l'incertitude, la plus souvent totale.

Enfin, un projet est unique. Il débute et prend fin. Il ne peut être une répétition ou une redite. La conception et l'offre d'un programme de formation en communication pour les cadres en entreprise peuvent certainement être considérées comme un projet. Toutefois, l'offre permanente et continue de ce même programme de formation est une opération courante. Pour Genest et Nguyen, l'unicité exige à elle seule l'application de méthodes particulières, associées à la gestion de projet :

> La nécessité de méthodes particulières tient surtout au caractère d'unicité du projet : le projet ne sera réalisé qu'une fois. On ne peut donc pas élaborer un prototype du projet, examiner ce

---

1. Nous distinguons entre les termes « projet », « activité » et « tâche ». Le projet et l'activité comportent l'exécution de tâches. Le projet est d'une grande complexité alors que l'activité est moins exigeante.

prototype, évaluer ses forces et ses faiblesses, le modifier, cons-
truire un deuxième prototype amélioré et le lancer sur un
marché-test avant d'en entreprendre la production en série.
Dans le cas d'un projet, on ne pourra se reprendre : il faut le
réussir du premier coup (1995, p. 8).

Comme un projet est complexe, multidisciplinaire, nouveau
et unique, nous pouvons aussi dire qu'il est d'une grande importance
pour celui qui en fait la promotion ou le réalise. En effet, on ne
dépense pas temps, argent et énergie pour quelque chose qui n'a
aucun intérêt. Ce faisant, nous ne serons pas étonnés de constater
que la réalisation d'un projet mobilise souvent la grande majorité de
l'organisation, sur les plans humain et financier.

Un projet serait aussi « déterminé », c'est-à-dire précisé et
défini, en ce qu'il est réalisé en fonction d'objectifs précis. Les spécialistes et les praticiens estiment en effet qu'un projet, pour être
qualifié de la sorte, doit répondre à des objectifs déterminés, lesquels
portent généralement sur les délais de réalisation, le budget nécessaire
à cette réalisation et la qualité envisagée du projet (la qualité du
produit ou du service). Vincent Giard (1991, p. 8), par exemple, fait
référence aux objectifs de « performances techniques », lesquelles sont
« relatives au respect de spécifications fonctionnelles et de caractéristiques techniques du produit (respect de tolérances, fiabilité, mainte-
nabilité, facilité d'usage...) qui définissent un niveau de qualité », de
« délai » et de « coût ». Hazebroucq et Badot (1996, p. 4 et 35) parlent
aussi, en termes critiques toutefois, du « triangle vertueux » ou de la
« Sainte Trinité », c'est-à-dire des coûts, des délais et de la qualité. Si
de tels objectifs appelés « déterminants » sont inexistants, que le
projet, par exemple, ne comporte aucun échéancier spécifique, il
s'agit, alors, d'autre chose que d'un projet.

Ainsi, un projet est réalisé en fonction d'un échéancier précis.
Ce faisant, il débute et prend fin à un moment précis, déterminé, ce
qui le distingue d'une activité routinière, réalisée jour après jour,
année après année. L'idéateur du projet doit donc veiller à préciser
le début et la fin du projet, en indiquant très précisément la date de
réalisation désirée.

Comme un projet est limité dans le temps (un début et une
fin), il en va de même de son financement. Le budget est ainsi
déterminé et adapté à l'échéancier. Le responsable doit respecter le
budget envisagé. Si tel n'est pas le cas, le projet dont il est question
n'en est pas un.

Enfin, la qualité du projet, ou sa finalité, est aussi, généralement, prise en compte. L'idéateur doit être en mesure de déterminer de quelle manière le projet est susceptible de contribuer au progrès, à la beauté, au mieux-être, au succès, aux revenus, etc. Un projet qui n'apporte rien, ne peut en être un.

La complexité, la multidisciplinarité, la nouveauté, l'unicité, l'importance et les déterminants de délais, de budget et de qualité sont les caractéristiques essentielles d'un projet. La construction et le lancement, dans les années 1960, de la première fusée lunaire constituaient bel et bien un projet[2]. Un projet serait donc :

- complexe

- multidisciplinaire

- nouveau

- unique

- important

- déterminé

Ainsi, nous dirons qu'*un projet comporte des caractéristiques spécifiques et mène à la réalisation d'un produit ou d'un service convenu, dans un contexte précis.*

Si une activité est complexe, multidisciplinaire, nouvelle, unique, importante, mais plus ou moins déterminée, peut-elle être qualifiée de projet ? En d'autres termes, un projet doit-il obligatoirement correspondre à la définition et à toutes les caractéristiques énoncées ? Plus précisément encore, la construction et le lancement de la seconde, puis de la troisième fusée lunaire constituaient-ils un projet ?

1.2. UNE DÉFINITION HÉTÉRODOXE

Un projet peut-il bénéficier d'une certaine expérience, d'une certaine connaissance ? À cet égard, les opinions des spécialistes et des praticiens divergent. Si nous adoptons une définition orthodoxe du concept de projet, le « Monde » connaît peu de projets. De fait, si nous

---

2. Pour un historique du concept de projet, voir Michel Joly et Jean-Louis G. Muller, *De la gestion de projet au management par projet*, Paris, AFNOR, 1994.

adoptons une définition stricte du terme, nous réalisons que peu de projets en sont de véritables. Il existe souvent, quelque part, quelque chose de similaire à l'activité projetée.

En revanche, en privilégiant et en adoptant une définition non orthodoxe, c'est-à-dire hétérodoxe, moins conforme à la tradition, mais tout aussi respectueuse, un projet ne serait plus tenu d'être nécessairement et entièrement, complexe, multidisciplinaire, nouveau, unique, important et déterminé. Ainsi, comme le suggèrent Genest et Nguyen (1995, p. 2), « un projet est plutôt "unique", tandis qu'une production industrielle est plutôt "en série" ». Comme le notent ces auteurs à propos des grands projets hydroélectriques réalisés dans le Nord du Québec au Canada :

> Par exemple, la Société d'énergie de la Baie James fut fondée pour développer le potentiel hydro-électrique de ce vaste territoire et gérer la construction des équipements ; une de ses principales activités était la construction de barrages : un projet (et un projet important) pour la majorité des entreprises. Après quelques années, toutefois, la construction de barrages était devenue, jusqu'à un certain point, une opération régulière pour la Société. La construction d'un barrage donné, au lieu de se faire en fonction de contraintes de temps lui étant propres et fixées au départ, était ordonnancée en fonction des disponibilités budgétaires annuelles ; les procédures de gestion applicables à cette opération étaient amplement documentées et rappelaient celles d'une activité de production de type industriel (1995, p. 6).

En adoptant une définition hétérodoxe du concept de projet, les chercheurs, les étudiants et les professionnels du domaine des sciences humaines, et nombre de personnes comme d'organisations, peuvent maintenant considérer qu'une activité qui rassemble suffisamment des caractéristiques énoncées précédemment est bel et bien un projet. De fait, de nombreuses organisations ont adopté la gestion de projet afin d'assurer l'efficacité et l'efficience de leurs activités sans pour autant être génératrices, au sens strict du terme, de projets.

Selon l'organisation dans laquelle se réalise le projet, un déterminant (de délais, de budget et de qualité) peut également influencer plus que d'autres le cours des travaux. Ainsi, si les pyramides d'Égypte, le stade olympique de Montréal et le Titanic ont en commun l'unicité et la nouveauté et peuvent, probablement, être qualifiés de projets, nous conviendrons qu'ils ne respectent pas l'ensemble des déterminants. Les pyramides d'Égypte, par exemple, ont été réalisées sans véritable échéancier, les seuls portés à la connaissance des esclaves étant la mort éventuelle du monarque. La construction, pour les Jeux de

1976, du stade olympique de Montréal, en béton et avec un toit rétrac-table, ce qui constituait une innovation importante, a, pour sa part, occasionné de nombreux soucis aux gouvernements (Montréal, Québec et Canada) en raison du dépassement des coûts. Les gestionnaires du projet avaient, à l'évidence, sous-estimé les exigences des travailleurs syndiqués. Enfin, que dire du Titanic, considéré à l'époque comme un navire insubmersible, si ce n'est qu'il souffrait d'un sérieux problème de qualité. De fait, comme le font valoir Hazebroucq et Badot :

> [...] dans la pratique, ce triangle (coûts, délais et qualité) est rarement équilatéral, on privilégie, aisément ou non, l'un des sommets au détriment des autres. Il est évident que dans le spatial ou le nucléaire, c'est la qualité qui prime.
>
> Dans le secteur pharmaceutique, où un an de gagné peut permettre 500 millions de francs de chiffre d'affaires supplé-mentaire, le gain de temps est alors crucial. Cette course au temps, commune à d'autres secteurs concurrentiels comme l'automobile, va privilégier la gestion des délais. Pour les socié-tés d'ingénierie qui vivent des projets, c'est la notion de coût qui sera particulièrement favorisée (1996, p. 35).

En proposant et en adoptant une définition hétérodoxe du concept de projet, nous acceptons que certaines caractéristiques du projet soient de moindre importance que d'autres. Nous acceptons également et suggérons que certaines caractéristiques soient tout simplement inexistantes. Si l'activité compte un nombre suffisant de caractéristiques, nous dirons qu'il s'agit bel et bien d'un projet. Ce faisant, nous permettons et encourageons une utilisation accrue, et au quotidien, dans différents domaines, des méthodes, des outils, des techniques et des principes associés à la gestion de projet. Cette utilisation correspond également, selon nous, à l'évolution de la gestion de projet et à l'adoption généralisée de ses principes.

1.3. L'ÉVOLUTION DE LA GESTION DE PROJET

Fort peu d'auteurs traitent de l'évolution de la gestion de projet. Certes, la littérature savante renvoie, ici et là, à certaines de ses composantes, mais très rarement au « processus » ou au « cycle de vie » de la gestion de projet. Nous ne faisons pas exception à cette règle, loin de là.

De nombreuses organisations utilisent les méthodes, les outils et les techniques, les principes devrions-nous dire, de la gestion de projet pour administrer leurs opérations quotidiennes sans néces-sairement se réclamer des « gestionnaires de projet ». De fait, ces principes apparaissent bien adaptés à nos sociétés de consommation et d'innovation. La gestion de projet, utilisée sans orthodoxie, constitue peut-être aujourd'hui, comme l'organisation scientifique du travail autrefois (Taylor, 1957 ; Fayol, 1918), une autre forme d'aménagement du travail.

De tout temps, en effet, les organisations, surtout celles du secteur privé, ont tenté d'accroître leur productivité et, inversement, de réduire leurs coûts d'opérations. L'aménagement dit « scientifique » du travail, proposé notamment par l'Américain Frederick Taylor (1856-1915) et le Français Henri Fayol (1841-1925), découle de cette volonté. Les gestionnaires veillent alors à améliorer le rendement des employés en proposant de nouvelles méthodes de travail et en introduisant des machines performantes. L'utilisation de la robotique dans les usines d'assemblage de voitures constitue un exemple probant de la volonté des organisations de produire davantage et mieux, et cela au moindre coût. Dans les années 1980, par exemple, les organisations, toujours désireuses d'accroître leur rendement, ont donné naissance à la « réingénierie » des processus d'affaires (*reengineering*) et à la réduction du personnel (*downsizing*), lesquels ont entraîné de nombreuses mises à pied[3].

Dans cette perspective, il apparaît essentiel de situer les outils, les méthodes, les techniques et les principes de la gestion de projet à travers les époques de manière à bien saisir les « contextes historiques » qui les ont façonnés. Cette analyse ne se veut pas exhaustive. Elle vise, en revanche, à offrir un point de repère qui permettra de comprendre l'engouement grandissant pour la gestion de projet.

1.3.1.   1900-1960

En 1900, la production industrielle n'en est qu'à ses premiers balbutiements. Frederick Taylor aux États-Unis et Henri Fayol en France exposent leurs réflexions sur l'organisation « dite » scientifique du travail et son administration, et le constructeur automobile, Henri Ford (1863-1947), met en œuvre ses premières chaînes de montage et décide de doter chacun de ses travailleurs d'une voiture Ford

---

3.   Ce leitmotiv engendre, en effet, d'autres conséquences, plus négatives. Par exemple, sur les pertes d'emplois résultant de l'introduction de processus informatiques, voir Jeremy Rifkin, *La fin du travail*, Paris, Éditions La Découverte et Éditions du Boréal, 1996 et Hadj Benyahia, *Les paradoxes des technologies de l'information*, Montréal, ORBICOM, 2000. Pour une analyse plus optimiste, voir Manuel Castells, *La société en réseaux : L'ère de l'information*, Paris, Fayard, 2001.

Modèle T (1909). La réussite de ce type d'aménagement du travail repose notamment sur le consentement des employés rémunérés. Ford, par exemple, offrait cinq dollars par jour à ses employés alors que le salaire était généralement de trois dollars[4].

Le président américain Franklin Delano Roosevelt (1882-1945) instaure la politique du *New Deal* (nouvelle entente) dans les années 1930. Cette politique, destinée à résorber la crise économique de l'époque, ainsi que la Seconde Guerre mondiale (1939-1945) et la période d'après-guerre contribuent à l'essor de la production industrielle et, du coup, à la création de la société de consommation.

Les années 1940, 1950 et 1960 créent, en Occident, des masses importantes de consommateurs, toujours désireuses de se procurer les dernières nouveautés. Ces consommateurs commandent l'organisation structurée de la production.

La gestion de projet, ou certaines de ses composantes, débute ainsi avec les toutes premières tentatives d'organiser «scientifiquement» le travail. Comme le note Alain Bloch (2000, p. 13), «les premières tentatives de formalisation des principes du management de projet s'inscrivent dans une logique similaire», celle du modèle d'entreprise centré sur la «production et la division scientifique du travail». La gestion de projet débute entre autres avec les travaux de Henry Gantt (1861-1919), lequel conçoit, pour contrôler davantage la production, le diagramme dit de Gantt.

FIGURE 1.1

Le diagramme de Gantt

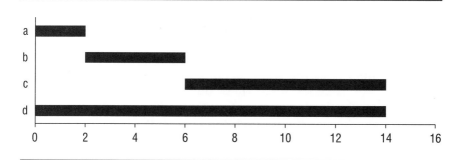

---

4. Ford souhaitait aussi que cet argent permette aux travailleurs d'acquérir « ses » voitures.

Sur deux axes distincts, le diagramme de Gantt présente à l'administrateur de l'usine l'ensemble des tâches nécessaires (dans notre exemple les tâches a, b, c et d) à la réalisation du projet, l'ordre dans lequel ces tâches doivent être exécutées (1a, 2b, 3c et 1d) et le temps requis pour réaliser chacune de ces tâches (de 0 à 14 jours). Le diagramme de Gantt permet dès lors à l'administrateur d'identifier, outre les tâches, l'ordre de leur exécution et le temps requis, les redondances, les contraintes et les difficultés afférentes au projet.

Pour répondre à la complexité grandissante des projets et à la multiplication des tâches, d'autres méthodes d'ordonnancement verront le jour[5]. L'apport de Gantt à la gestion de projet demeure toutefois considérable, voire structurant, en ce qu'il permet au responsable d'avoir une vue d'ensemble du projet en devenir. Comme le diagramme de Gantt est maintenant reproduit par des logiciels informatiques, les manipulations les plus complexes sont aujourd'hui d'une grande actualité.

1.3.2.   1960-1980

Les années 1960 à 1980 sont marquées, pour leur part, par le contrôle des coûts. Durant cette période, en effet, les entreprises offrent de plus en plus aux consommateurs des produits fabriqués de plastique, de fibre de verre, etc., pour réduire les coûts de production. Par ailleurs, pour les consommateurs, « l'accès à la consommation était le générateur de la qualité de la vie ; la possession d'un large éventail de produits de consommation, le passeport pour entrer dans la société moderne » (Hazebroucq et Badot, 1996, p. 10).

Aux États-Unis, la course à l'exploitation lunaire est un événement marquant l'évolution de la gestion de projet. Aux prises avec la concurrence de l'Union des Républiques socialistes soviétiques (URSS), les Américains décident de forcer le pas et d'envoyer le premier homme sur la Lune. Ce faisant, les États-Unis mettent en place un important programme spatial, axé tant sur les échéanciers, car il faut devancer les Soviétiques, que sur la qualité, l'astronaute doit revenir vivant du voyage. Cette grande aventure permet de peaufiner une fois encore les méthodes, les outils et les pratiques de la gestion de projet. En fait, rappelle Bloch :

---

5.   Méthode du cheminement critique, Méthode PERT (Program Evaluation and Review Technique), etc.

Sous l'impulsion conjointe des travaux et recherches conduits par la NASA et le Département de la Défense américaine d'une part, et le Project Management Institute d'autre part, s'élaborent progressivement les principes d'une démarche projet, extrêmement formalisés (2000, p. 13).

1.3.3. 1980-2000

La « qualité » du bien produit ou du service offert caractérise les années 1980-2000. Le consommateur souhaite toujours se procurer des biens de consommation à des prix raisonnables, mais exige aussi, dorénavant, une qualité éprouvée. La diversité est également de mise, le consommateur exigeant plus de variété et d'options. C'est aussi, notent Hazebroucq et Badot,

> [...] l'époque des produits-code (du « look »), consommés plus pour leurs surfaces et leurs valeurs de référents culturels que pour leurs réalités techniques ; produits consommés selon une logique de mode (au sens anglais *fad* du terme), c'est-à-dire selon une logique du changement et de la vitesse (1996, p. 12).

Cette époque est aussi marquée par la remise en question du modèle mécaniste (hiérarchisé) d'organisation. Les spécialistes suggèrent en effet aux organisations d'adopter des structures plus horizontales, lesquelles comptent moins de cadres intermédiaires et facilitent la communication, pour évoluer plus facilement dans des environnements turbulents.

Cette période est également celle de la qualité totale et du développement des normes ou critères de qualité. Les organisations améliorent leurs opérations, leurs produits ou leurs services, leur service à la clientèle, etc. C'est l'époque « ISO » (International Organization for Standardization, laquelle décerne la norme du même nom : International Standards for Quality Management Systems).

Cette époque est aussi caractérisée, au plan politique, par le déclin de l'État-providence, l'effondrement des régimes socialistes, la déréglementation et l'autorégulation, et les privatisations. Les excès des États, du moins occidentaux, sont dénoncés, et les gouvernements néo-conservateurs du Canada, des États-Unis et du Royaume-Uni, notamment, prônent les vertus de l'entreprise privée, mieux en mesure, estiment-ils, de réduire les dépenses et de contrer les abus[6].

---

6. Nous pensons ici aux gouvernements de Brian Mulroney au Canada (1984-1993), à celui de Ronald Reagan aux États-Unis (1981-1989) et à celui de Margaret Thatcher au Royaume-Uni (1979-1990).

Cette période est également celle des luttes au déficit et à la dette, et des restrictions budgétaires. On estime alors, dans de nombreux forums, que les dépassements budgétaires ne sont plus au goût du jour. Dans diverses organisations, privées et publiques, on invite les employés à adopter les principes de la gestion de projet.

1.3.4.   2000 À ...

Les années 2000 annoncent la mondialisation des marchés et la restructuration des économies. Le consommateur a dorénavant accès à un nombre considérable de produits, et cela, de par le monde, grâce à l'utilisation, notamment, de réseaux informatiques. Concurrence et mondialisation aidant, les consommateurs souhaitent obtenir le produit ou le service au moment qui leur convient et au plus bas coût. Les entreprises sont incitées à revoir leurs processus de travail et à adopter, du coup, les techniques et les outils susceptibles d'assurer leur compétitivité. Offrir des produits ou des services nouveaux, uniques, de qualité, en des temps records et à des prix raisonnables, caractérise les organisations des sociétés occidentales au début de l'an 2000 : « Dans cet environnement turbulent, la firme a donc été confrontée au management d'activités moins stables, moins répétitives et moins connues que ses opérations traditionnelles : le management des projets. » (Hazebroucq et Badot, 1996, p. 24) En outre, comme le note Bloch :

> Il n'est pas fortuit que l'engouement actuel pour la gestion de projet intervienne dans un contexte de mondialisation des marchés et de raccourcissement de la durée de vie des produits, qui impose aux entreprises de faire preuve de plus d'innovation que par le passé, avec des exigences accrues en matière de qualité, de coûts et de délais (2000, p. 12).

Aujourd'hui, la gestion de projet pourrait se définir en recourant, tout simplement, au sens des termes « efficacité » et « efficience ». Pour Hazebroucq et Badot (1996, p. 41), « l'"efficacité" se mesure par l'écart entre les résultats obtenus et les objectifs alors que l'"efficience" concerne le rendement des ressources engagées : outputs/ inputs. » En d'autres termes, l'efficacité se rapporte à l'exécution de la tâche ou du projet le plus rapidement possible, alors que l'efficience renvoie à la même exécution rapide, mais au moindre coût.

Les méthodes, les outils, les techniques et, surtout, les principes de la gestion de projet s'imposent aujourd'hui dans divers champs d'activités. Les organisations estiment qu'un nouvel employé doit avoir une certaine connaissance de la gestion de projet pour s'acquitter de ses responsabilités. Ces connaissances doivent lui permettre de respecter, au bas mot, les délais, le budget, etc., du produit ou du service offert par l'organisation. Dans ces circonstances, les organisations qualifient volontiers ces employés de «chargés de projet».

La gestion de projet s'applique aujourd'hui à un ensemble d'activités, de manière variée et à différents niveaux. Il existe ainsi de grands projets (quelques années), de petits projets (quelques mois) et même des projets «poussières» (quelques semaines)[7]. La gestion de projet s'inspire autant de la sociologie des organisations, de l'économie du travail, de la gestion des ressources humaines que de l'ingénierie qui l'a bien longtemps dominée[8].

Les diverses disciplines du domaine des sciences humaines n'échappent pas à cette réalité, loin de là. Pour quelle raison, en effet, les citoyens devraient-ils défrayer les coûts d'une mauvaise politique gouvernementale? Pourquoi une décision dans le secteur public devrait-elle, nécessairement, être plus dispendieuse que celle prise dans le secteur privé? Bref, pourquoi ne pas adapter la gestion de projet à une multitude de réalités?

1.4. LA GESTION DE PROJET ADAPTÉE AUX SCIENCES HUMAINES ET AU QUOTIDIEN

Un grand nombre d'activités peut être réalisé en recourant aux méthodes, aux outils, aux techniques et aux principes de la gestion de projet. Les puristes s'opposeront peut-être à une telle approche, non orthodoxe. Pourtant, ils devraient s'en réjouir puisque, dorénavant, un travail de recherche, un énoncé de politique, une campagne de relations publiques ou encore une activité quotidienne peuvent bénéficier de la gestion de projet. En effet, si certaines personnes sont d'ores et déjà en mesure de considérer différents déterminants de délais, de budget et de qualité dans la réalisation de leurs projets, nous ne voyons pas pourquoi une grande équipe de recherche, par exemple, dotée d'un budget significatif, ne pourrait pas utiliser les mêmes méthodes, outils, techniques et principes pour s'acquitter de ses tâches. Au gouvernement, par exemple, les comités de travail auraient avantage à recourir à de telles pratiques de manière à présenter le fruit de leur recherche le plus rapidement et au plus bas coût possible. Au quotidien, de nombreuses activités peuvent aussi bénéficier des principes de la gestion de projet.

---

7.   Sur cette typologie, voir Bloch (2000, p. 27).
8.   Sur cette nouvelle réalité, voir Hazebroucq et Badot (1996).

Certes, l'exercice de la gestion de projet peut s'avérer exigeant et peut-être même, dans certaines circonstances, inutile. Il nécessite une planification rigoureuse pour des personnes qui ont souvent bien d'autres préoccupations. Toutefois, cette planification pourrait permettre au responsable du projet d'éviter bien des écueils!

1.5. LE CYCLE DE VIE D'UN PROJET

Le responsable de projet peut privilégier certains déterminants, comme le respect du budget et des délais au détriment, par exemple, de la qualité. Dans une telle situation, le projet risque de comporter des imperfections susceptibles de nuire à sa viabilité, tout comme à la crédibilité de la personne ou de l'organisation qui le réalise.

D'autres projets, au contraire, outrepassent les budgets et les délais arrêtés pour offrir un produit ou un service de qualité exceptionnelle. Dans ce cas, le projet est grandiose, mais hors de prix, ce qui peut être très ennuyeux pour une organisation confrontée aux règles du marché et à la concurrence.

Les méthodes, les outils, les techniques et les principes de la gestion de projet visent à prévenir et à éviter certaines situations en permettant au responsable[9] de « gérer adéquatement son projet ». Ce chapitre présente les étapes et les jalons qui composent le cycle de vie de la gestion de projet. Il offre au lecteur une vision d'ensemble, de l'idéation du projet à son évaluation.

1.5.1. LES PRINCIPALES ÉTAPES

La gestion de projet, comme nous pouvons l'imaginer, est aux antipodes du désordre et du chaos. Elle ne laisse rien au hasard, ou si peu. Comme elle vise à réduire l'incertitude afférente au projet, elle doit en anticiper les moindres détails. Ainsi, de manière à éviter d'« omettre », d'« oublier », pire, d'« occulter » certaines composantes, la gestion de projet comprend différentes étapes, réalisées et entreprises les unes à la suite des autres.

Comme chaque étape est subséquente à une autre, la gestion de projet ne comporte aucune redite, répétition ou redondance à moins, évidemment, qu'un changement ne survienne et que le

---

9. Le responsable est, dans ce chapitre, l'idéateur, le gestionnaire, le propriétaire, etc., bref, celui qui réalise le projet. Nous verrons plus loin que cette définition mérite d'être nuancée.

FIGURE 1.2

Les dominos

responsable de projet ne soit forcé de faire marche arrière. La gestion de projet, en somme, ressemble à des dominos (figure 1.2): la réalisation de la première étape entraîne l'exécution des autres, dans un ordre linéaire, prévisible et obligatoire[10].

Ainsi, les spécialistes et les praticiens estiment que le « cycle de vie » ou le « processus » de la gestion de projet comprend différentes étapes imbriquées les unes aux autres. Pour Pierre Beaudoin (1984, p. 31), la gestion de projet compte deux grandes phases: la définition et la réalisation du projet. Pour Jacques Boy, Christian Dudek et Sabine Kuschel (2000, p. 33), la gestion de projet comprend plutôt quatre étapes: la définition, la planification, la réalisation et la clôture. Pour Robert L. Kimmons (1990, p. 3), la gestion de projet consiste, plutôt, à définir des buts, à allouer des ressources, à répartir les responsabilités et à adopter des méthodes et des techniques. Pour Genest et Nguyen (1995, p. 7), le « processus » de gestion de projet compte quatre étapes essentielles: la faisabilité, la planification, la réalisation et l'évaluation a posteriori. Pour Bruce et Langdon (2001, p. 12), encore, un projet comporterait plutôt cinq étapes: le lancement, le planning, la motivation, le suivi et l'achèvement. Pour Guy

---

10.   Cette linéarité n'est pas toujours nécessaire. Lorsque le responsable du projet s'en écarte, il le fait, croyons-nous, en connaissance de cause.

Noël (1997, p. 141), le cycle de vie d'un projet, surtout sur la scène internationale, compterait six étapes principales : l'identification des besoins et la rédaction du cahier des charges, la rédaction d'une offre de service et l'étude de l'offre de service, la négociation, le démarrage, la réalisation et le suivi des travaux et, finalement, l'évaluation. Enfin, pour Benoît Lalonde, Dana Hunt et Armand St-Pierre (1998, p. 20), la gestion de projet comporterait quatre phases : l'identification, la planification, la réalisation et la terminaison.

Comme nous pouvons le constater, il existe un nombre important de définitions et de variations[11]. L'ordonnancement proposé par les uns et les autres, de même que les différentes appellations, nous semblent appropriés à la réalité du cycle de vie ou du processus de la gestion de projet. Si nous acceptons les variantes, communes au plus grand nombre, le cycle de vie de la gestion de projet comporterait alors quatre étapes essentielles (figure 1.3).

FIGURE 1.3

Les principales étapes

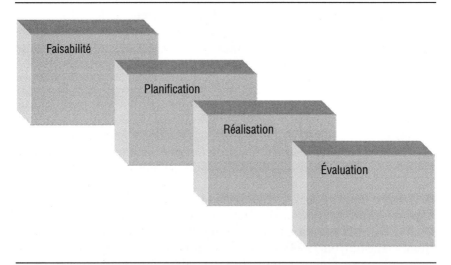

Ces termes sont aussi ceux suggérés par Genest et Nguyen, 1995. Ils rendent bien, à notre avis, le sens que nous désirons donner aux étapes qui composent le cycle de vie de la gestion de projet. Ces termes expriment en effet clairement, sans ambiguïté aucune, les idées que nous souhaitons véhiculer.

---

11. À ce sujet, voir aussi O'Shaughnessy (1992, p. 17) et Hazebroucq et Badot (1996, p. 32).

La « faisabilité » doit permettre au responsable d'évaluer si le projet à l'étude est possible et réalisable, bref « faisable » ou non. Elle permet au responsable de peser et de comparer les avantages et les inconvénients du projet en devenir. La faisabilité, en somme, offre l'occasion de déterminer s'il est possible et avantageux de réaliser le projet avant de l'entreprendre.

La « planification » permet au responsable d'anticiper, dans les moindres détails, la réalisation du projet. Elle se concrétise sous la forme d'un plan dans lequel on identifie et précise les différentes composantes du projet. La planification ou le plan qui en découle spécifie aussi, très précisément, comment réaliser le projet au regard des objectifs et des déterminants arrêtés.

La « réalisation » découle de la planification. La réalisation est la partie ou l'étape pratique du projet, celle où l'on s'affaire à exécuter le projet. Elle exige la participation de tous les intervenants.

L'« évaluation », enfin, permet de tirer des conclusions et de consigner les informations et l'expérience acquise lors de l'accomplissement du projet et ainsi de réduire l'incertitude afférente à la réalisation d'autres projets similaires.

1.5.2. L'EFFET DOMINO

Les étapes de faisabilité, de planification, de réalisation et d'évaluation sont précédées ou suivies d'autres composantes, lesquelles engagent, tel un jeu de dominos, l'étape subséquente du cycle de vie de la gestion de projet, et cela jusqu'à la réalisation complète du projet. Genest et Nguyen (1995, p. 7) parlent d'« événements clés » qui séparent chaque phase du processus ou cycle de vie. D'autres, encore, parlent de « jalons ». Les différentes étapes du cycle de vie de la gestion de projet sont enclenchées lorsque les jalons sont franchis. Ces jalons (encadrés en noir) sont présentés dans la figure 1.4.

Certains de ces termes sont aussi ceux suggérés par Genest et Nguyen (1995). Cet effet domino (les étapes sont représentées avec la couleur grise, alors que les jalons sont en blanc) peut aussi prendre la forme d'une liste de jalons et d'étapes, sorte d'aide-mémoire, que le responsable utilise lorsqu'il réalise un projet (voir annexe A.1).

FIGURE 1.4

L'effet domino

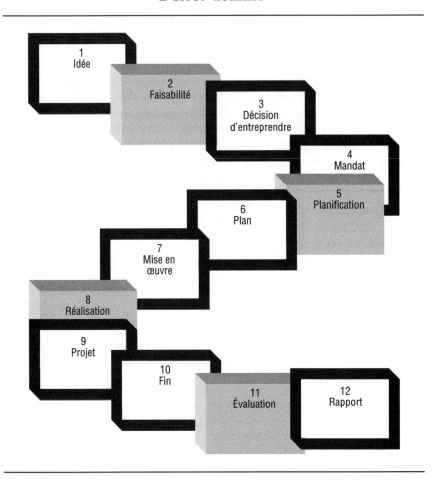

Comme nous le constaterons dans les chapitres qui suivent, ces jalons permettent non seulement d'engager les étapes subséquentes, mais aussi de décider de poursuivre ou non le projet. Ces jalons constituent un autre moyen susceptible de réduire l'incertitude afférente à la réalisation du projet en permettant au responsable de faire le point, une fois de plus, sur le projet.

2

LE CONTEXTE DE L'ORGANISATION

Une personne peut être invitée à promouvoir ou à gérer un projet dans une organisation privée, comme dans une organisation publique. L'organisation[1] dans laquelle se déroule le projet commande et exige une approche spécifique, adaptée à sa réalité. À défaut d'adopter une telle approche, la personne responsable du projet court à l'échec. Il en va de même, bien évidemment, des projets entrepris et réalisés sur la scène internationale[2]. Ce chapitre vise à présenter, bien que très brièvement, les distinctions entre les organisations de type public et privé au regard de la gestion de projet.

2.1. LES PRÉJUGÉS

Les employés du gouvernement, c'est-à-dire les fonctionnaires, attirent généralement très peu de sympathie. En effet, le terme «fonctionnaire» est souvent utilisé, de manière péjorative, pour décrire ceux qui s'adonnent passivement et sans entrain à l'exécution d'une tâche. Dans un article qu'il dédiait, à l'époque, à la directrice du quotidien *Le Devoir*, madame Lise Bissonnette, le journaliste Luc Chartrand suggérait que le prédécesseur de cette dernière, monsieur Benoît Lauzière, avait géré le journal avec un «jargon mou, hérité sans doute de son passage au secteur public : il a travaillé au Conseil du Trésor et a été directeur du cégep de Maisonneuve[3]». Ce type d'explication a été et est encore fort populaire pour expliquer les déboires et les échecs de certains gestionnaires.

Ces explications, qui sont en réalité des préjugés, occultent la réalité et passent évidemment sous silence le succès d'autres fonctionnaires-gestionnaires, plus méritants, tels messieurs feu Michel

---

1. Le lecteur notera que le terme «organisation» revêt, dans ce chapitre, et dans bien d'autres encore, une triple signification. Il se rapporte, à la fois, à l'«organisation» comme groupe de personnes pour accomplir certaines activités, à l'«environnement» d'un projet, au sens systémique du terme, et à l'«organisation» (ordre) du travail. Ces significations ne s'excluent pas les unes des autres. Au contraire, elles viennent donner à l'intitulé du chapitre tout son sens, un projet se réalisant généralement par le travail de plusieurs personnes, dans un contexte ou un environnement précis, lequel influence, à son tour, l'organisation du travail.
2. À ce sujet, voir Guy Noël (1997).
3. «Une femme au front», *L'actualité*, vol. 15, n⁰ 12, août 1990, p. 73.

Bélanger (Banque Nationale), André Caillé (Hydro-Québec), Jean Campeau (Domtar), Michael Sabia (Bell Canada Entreprises), Paul Tellier (Bombardier)[4] et bien d'autres encore.

Cela étant dit, il serait tout aussi arbitraire d'occulter les «particularités» des organisations publiques qui ont, par ailleurs, fait l'objet de nombreuses recherches[5]. Ainsi, l'administration publique ou l'organisation publique, dépendante des missions des gouvernements et dotée d'une culture organisationnelle spécifique, exige du responsable de projet une interprétation et une action bien différente de celles qu'il aurait dans l'entreprise privée.

2.2.   L'ADMINISTRATION PUBLIQUE : UNE ORGANISATION SPÉCIFIQUE

L'administration publique naît avec l'État. Elle est permanente et régie par la loi. Elle peut ainsi prétendre, à tort ou à raison, agir dans l'intérêt de la collectivité[6]. Cette ambition, nous en conviendrons, distingue l'administration publique de n'importe quelle autre organisation. En effet, aucune organisation ne peut prétendre administrer, gérer et décider dans l'intérêt de l'ensemble de la collectivité. De même, l'administration publique dispose de moyens de coercition (police, armée, etc.) qu'aucune autre organisation ne possède.

L'administration publique est également fondée sur le principe de «méritocratie», lequel assure à la collectivité que chaque nomination est accordée au candidat-postulant le plus compétent[7]. Ce principe, et celui relatif à l'interdiction de participer à la vie politique active, évitent les nominations partisanes et le patronage. Ces principes assurent, en quelque sorte, la neutralité de l'administration publique.

---

4.   Michel Bélanger a été président de la Banque Nationale du Canada de 1979 à 1989. André Caillé préside aux destinées de la société Hydro-Québec depuis 1996. Jean Campeau a présidé le conseil d'administration de Domtar de 1990 à 1993. Michael Sabia est président et chef de la direction de Bell Canada Entreprises depuis 2002. Paul Tellier, enfin, préside Bombardier depuis 2002.

5.   Voir, notamment, Michel Crozier, *Le phénomène bureaucratique*, Paris, Éditions du Seuil, 1963.

6.   Nous disons «prétendre» et «à tort ou à raison» pour faire échos aux propos de ceux, et ils sont nombreux, qui estiment que l'administration ne serait, en réalité, que l'instrument de quelques-uns, et non celui de la collectivité tout entière.

7.   Il existe cependant des exceptions à cette règle. Par exemple, les personnes nommées par décret ou pour des périodes dites déterminées.

Si l'administration publique s'inspire, comme d'autres organisations, des concepts proposés par Fayol (1918), Taylor (1957) et Weber (1995), de même que du droit administratif, elle possède aussi une culture organisationnelle bien spécifique. En effet, au-delà des structures et des schèmes formels et informels, l'administration façonne ses attitudes ainsi que ses méthodes de travail. Les fonctionnaires, par exemple, pour ne citer que les caractéristiques les plus importantes, se veulent généralement impartiaux et compétents ; ils s'accommodent normalement fort bien de l'anonymat. La confidentialité et la discrétion régissent leur travail.

L'administration publique regroupe aussi des organismes et des services qui, sous l'autorité du gouvernement, sont appelés à assumer les diverses tâches d'intérêt général qui incombent à l'État. Ces services sont nombreux et variés : l'entretien des routes, la gestion des hôpitaux, etc. Il est ainsi exclu de considérer l'administration publique comme un ensemble monolithique[8]. Sharon L. Sutherland et G. Bruce Doern (1986) distinguent trois composantes de l'administration publique :

- primaire (structure ministérielle) ;
- secondaire (structure non ministérielle, les hôpitaux notamment) ;
- tertiaire (les organismes centraux).

Chaque organisme et service, composant l'administration publique, dispose de sa propre réalité organisationnelle. Pour le citoyen, les fonctionnaires du ministère des Finances sont toujours plus austères que ceux du ministère du Tourisme. Les employés de l'État savent aussi que le réflexe du fonctionnaire au Conseil du Trésor est d'opposer une fin de non-recevoir à tous les projets qui génèrent de nouveaux déboursés.

Outre la grande variété de produits et de services offerts, la fonction de l'administration publique consiste également en la préparation et l'application des décisions des autorités politiques ou du gouvernement. Comme le rapporte James Ian Gow (1986, p. 306) :

> L'importance d'un soutien administratif se comprend mieux quand on sait qu'en 1969 le Conseil des ministres pouvait recevoir, en prévision de sa réunion hebdomadaire, jusqu'à

---

8.   Voir François Dupuy et Jean-Claude Thoenig, *L'administration en miettes*, Paris, Fayard, 1985.

mille documents et approuver à cette occasion jusqu'à quatre cents arrêtés en conseil.

La prise de décision est donc au cœur du travail de l'administration. Or, cette prise de décision s'insère dans des milieux sociaux et humains qui influencent tous l'administration et les processus décisionnels. Ces influences limitent la neutralité de l'administration, laquelle oscille ainsi entre les différentes règles établies et l'arbitraire.

Enfin, notons que les cultures nationales peuvent façonner différemment les modèles administratifs. À cet égard, Gow (1986, p. 40) rapporte qu'il ne pouvait être question pour le Québec, après la conquête, de se doter d'un système de départements territoriaux sous la direction de préfets à l'exemple de la France. L'influence des États-Unis a également contribué à la spécificité de l'administration publique canadienne. Au dire de Sutherland et de Doern (1986), l'administration publique canadienne est modelée par la souveraineté populaire, héritée du parlementarisme britannique, et le pluralisme, importé des États-Unis. Certains régimes politiques confèrent également à leur administration une relative autonomie (Canada, Grande-Bretagne, États-Unis) alors que d'autres, la France par exemple, cautionnent davantage le rapprochement du pouvoir exécutif et de la haute direction de l'administration.

2.3. LES PATRONS

L'administration publique est également tributaire du contexte politique dans lequel elle évolue. Ce lien à la politique fonde son caractère distinctif. À qui, en effet, les fonctionnaires sont-ils tenus d'obéir? Comme le mentionne Gow (1987, p. 125),

> [...] les citoyens, en tant que contribuables et clients, sont censés être les patrons ultimes des fonctionnaires. Cependant, toute revendication qui remet en question une politique établie se heurtera à l'obligation d'obéissance du fonctionnaire; elle prendra alors la forme d'une pression politique qui aboutira soit devant le ministre, soit devant la législature.

Dans leurs activités quotidiennes, les gouvernements, s'ils désirent conserver les assises du pouvoir, doivent en effet tenir compte d'une série de facteurs (base partisane, opinion publique, médias, caucus, etc.). Pierre O'Neil et Jacques Benjamin (1978) estiment que le premier ministre exerce trois fonctions principales: il assure la survie du parti, conçoit des politiques et communique avec l'électorat. Ces fonctions entraînent, à n'en pas douter, des gestes de prudence (pour ne pas froisser une partie de l'électorat) et, consé-quemment, des délais (pour consulter un plus grand nombre de personnes) dans, par exemple, la formulation, la mise en œuvre et l'application de politiques, que les citoyens (et les hommes politiques) attribuent volontiers aux lourdeurs de l'administration publique. Le responsable de projet qui ne connaît pas les fonctions précitées et qui s'efforce de faire respecter le déterminant de délais, par exemple, risque d'indisposer le premier représentant de la population. Il en est de même de l'exécution de différentes activités dans l'organisation publique (énoncés de politique, programmes, règlements, lois) qui exigent, pour diverses raisons, la consultation de nombreuses personnes, ce qui, parfois, crée des retards.

Par ailleurs, l'administration et, plus précisément, le haut fonctionnaire, doit également composer avec chacun des objectifs gouvernementaux. Il doit convaincre le pouvoir politique de la perti-nence de telle initiative ou de tel projet de loi, de là, bien entendu, son ingérence politique. Si tel n'est pas le cas, le fonctionnaire s'expose à la foudre de ses patrons. On l'accusera volontiers de passer outre aux vœux du représentant élu.

Les moyens de contrôle exercés sur l'administration publique sont également plus nombreux et plus complexes qu'ils ne le sont dans les organisations du secteur privé. Comme le soulignent Sutherland et Doern (1986, p. 80), l'omniprésence de la vérification est peut-être ce qui distingue le plus l'emploi dans le secteur public. À l'interne, l'administrateur public doit justifier ses faits et gestes devant ses pairs et le pouvoir politique. À l'externe, le même administrateur doit répondre aux questions des citoyens et des associations qui les repré-sentent. Ces contrôles sont pour la grande majorité fondés sur des règles juridiques. Ils sont indissociables du système politique et, plus précisément, de l'exercice de la démocratie. Ils sont aussi, paradoxale-ment, des contraintes importantes à l'action et à l'efficacité de l'admi-nistration publique, tout comme aux activités du responsable de projet chargé de respecter et de faire respecter différents déterminants.

Le financement des activités est une autre caractéristique importante des organisations publiques. Si les citoyens désirent tou-jours plus de services, ceux-ci ne veulent pas nécessairement en défrayer les coûts, par leurs impôts, ce qui, évidemment, oblige une certaine retenue ainsi qu'une planification souvent excessive des activités et des dépenses.

La composition du personnel contribue également à la spécificité de l'administration publique. Outre les règles afférentes à la méritocratie, l'administration est parfois tenue de recruter un type particulier d'employé (action positive) ou de respecter la démographie de la société (la participation des francophones à l'administration fédérale canadienne, par exemple). À titre d'employés syndiqués et de citoyens, les fonctionnaires jouissent également d'un certain pouvoir sur le politique. Dans ce contexte, les élus doivent veiller à maintenir avec les fonctionnaires des relations cordiales afin de s'assurer de leur collaboration dans les activités journalières et, à l'élection, de leur vote.

Enfin, l'administration publique est également un important objet de politiques gouvernementales. Pensons ici aux directives sur les conflits d'intérêts, à la lutte contre l'inégalité des femmes et de certaines communautés culturelles dans l'administration, etc., ce dont se préoccupe moins l'organisation privée. Un responsable de projet dans l'organisation publique doit savoir composer avec ces différentes réalités.

2.4. LA BUREAUCRATIE

C'est le sociologue et juriste Max Weber (1995) qui, réfléchissant sur les rapports d'autorité, donne au concept de « bureaucratie » ses lettres de noblesse. Weber, en effet, distingue trois types d'autorité ou de domination : charismatique, traditionnel et rationnel-légal. Selon Weber, c'est le dernier modèle d'autorité, le modèle rationnel-légal, qui doit prévaloir dans les organisations modernes, celles qu'il appelle les « bureaucraties ». Plus précisément, l'autorité rationnelle-légale est

> [...] régie par des règles qui définissent de façon impersonnelle les droits et les devoirs de chacun. Retenons bien les principaux termes de cette définition essentielle pour comprendre l'idée classique de bureaucratie. Par « rationnelle », il faut entendre l'adéquation des moyens aux fins ; par « légale », l'accent est mis sur le respect des règles comme seule source d'autorité. Une autorité légale est l'inverse d'une autorité arbitraire qui ne serait soumise à aucune règle. Et par « impersonnelle », on veut dire que les règles édictées s'appliquent à tous et n'appartiennent à personne en propre (Dion, 1987, p. 169).

Dans ce contexte, « la bureaucratie, comme principe, est l'observation stricte des réglementations formelles, c'est-à-dire écrites, préétablies, à appliquer telles que prescrites » (Dion, 1987, p. 167). Or, la bureaucratisation des activités entraîne une série de dysfonctions

(Crozier, 1963). Par exemple, les règles formelles donnent naissance à des déplacements de buts, les règles devenant parfois plus importantes que les objectifs pour lesquels elles ont été élaborées. Le degré excessif de spécialisation entraîne aussi la démoralisation des employés. Par ailleurs, l'impersonnalité des normes, qui assure aux employés une certaine sécurité, nuit au développement et au sens des responsabilités. Enfin, comme rien ou presque n'est laissé à l'initiative personnelle, le supérieur hiérarchique exerce peu de pouvoir sur ses employés et ceux-ci peu de pression sur lui. Le responsable de projet, dont l'équipe est composée d'employés de l'organisation, doit comprendre les raisons de ce qui lui apparaît, à première vue, comme étant un manque d'initiative.

Dans un tel contexte de travail, le fonctionnaire peut respecter à la lettre les formalités et paraître ainsi dénué de toute sympathie envers le public ou, au contraire, profiter des contradictions et des ambiguïtés du système. Il se permettra alors une marge de manœuvre pour répondre aux besoins du client et développera des zones grises que le sommet hiérarchique se hâtera d'abolir en établissant de nouveaux contrôles (Dupuy et Thoenig, 1985 ; Crozier, 1963).

Paradoxalement, les principes bureaucratiques, qui ne facilitent pas l'action du responsable de projet, offrent aux citoyens un certain degré d'impartialité et de justice. Michel Crozier (1963), notamment, croit qu'une dose d'impersonnalité est, en quelque sorte, le prix à payer pour combattre le favoritisme, le patronage et le chantage. Somme toute, une manière de lier davantage les mains d'un gouvernement. Sutherland et Doern (1986) partagent cet avis en affirmant que plus le fonctionnement de l'État a un caractère bureaucratique, c'est-à-dire qu'il est régi par des règles, des lois et des normes, plus la population dispose d'un véritable pouvoir. Ainsi, ce qui apparaît « lourd » au responsable de projet est peut-être, en réalité, un gage de démocratie.

2.5. LES CRITÈRES DE RENDEMENT

Dans le secteur privé, les actionnaires sont en mesure d'évaluer le rendement de l'organisation en scrutant les dépenses et les revenus. S'ils sont insatisfaits, ils peuvent retirer leur confiance et, éventuellement, leurs avoirs, et demander la démission du chef de la direction ou du président. Cette évaluation, des revenus et des dépenses, donne le ton de l'organisation au responsable du projet. Dans le secteur privé, en effet, les revenus doivent normalement être supérieurs aux dépenses de manière à assurer la pérennité de l'organisation. Certes, la haute direction de l'organisation peut prendre des risques, mais ces risques sont généralement pris en fonction de revenus anticipés. Le responsable de projet, qui œuvre dans une organisation privée, risque peu de se tromper s'il garde bien à l'esprit ce type d'indicateur, les revenus et les dépenses. Pour évaluer la faisabilité d'un projet et, surtout, son importance, Bruce et Langdon (2001, p. 14) n'hésitent pas à affirmer que « si, par exemple, deux projets ont une force motrice en termes d'augmentation des ventes, c'est celui qui permettra de les doubler qui aura le plus de chances de réussir ».

De tels critères d'évaluation, les dépenses et les revenus, ne peuvent rendre justice aux activités de l'organisation publique qui doit assumer, comme nous l'avons constaté précédemment, des tâches que personne, bien souvent, ne peut ou ne souhaite assumer, et cela avec différentes contraintes. Certaines activités, coûteuses à opérer, sont en effet parfois nécessaires. Le secteur de la culture, par exemple, dans de nombreuses sociétés, bénéficie de l'aide financière de l'État en raison, notamment, de l'étroitesse du marché intérieur. Sans l'aide des gouvernements, les créateurs, les producteurs, les réalisateurs et les distributeurs pourraient difficilement tirer leur épingle du jeu. En outre, une telle situation, selon nombre de spécialistes, nuirait à l'identité culturelle des populations. Il faut donc assumer ces coûts sans regarder à la dépense.

Globalement, les organisations privées seraient jugées en grande partie sur leur rendement (dépenses et revenus), alors que les organisations publiques le seraient, ou devraient l'être, sur le degré d'atteinte de certains objectifs, prescrits par les gouvernements et la société.

Le rendement ne peut ainsi être considéré comme le seul étalon de mesure de l'organisation publique. Le responsable de projet ne peut, dans ces conditions, porter autant d'attention au respect des déterminants, de budget par exemple.

2.6. LA RÉFORME DE L'ORGANISATION PUBLIQUE

Les gouvernements ont examiné différentes mesures destinées à réformer l'administration publique. Si nous faisons abstraction des ajustements réalisés ici et là, très peu de choses ont été modifiées. Cette situation tient, entre autres, à la force sociale des fonctionnaires et, comme Gow (1986, p. 77) l'a souligné, à la difficulté de renverser les effets d'entraînement des interventions de l'État dans la vie économique et sociale. En effet, s'il est possible de réformer l'administration, le représentant politique devra faire preuve de patience et de prudence afin de ne pas bousculer l'administration et ses membres. Par ailleurs, si le gouvernement considère la suppression de l'intervention étatique, alors que la non-intervention peut comporter de nombreuses injustices, il devra déterminer où est le plus grand inconvénient.

Cela étant dit, le gouvernement dispose d'une série de moyens susceptibles d'accroître l'efficacité de l'appareil administratif. Il peut entre autres raffermir les lignes d'autorité verticale et horizontale, introduire les lois du marché dans certaines activités, renforcer la participation des citoyens, appliquer, bien évidemment, les principes de la gestion de projet, etc. Il peut aussi politiser les fonctionnaires, le gouvernement devenant ainsi libre de remplacer le personnel s'il estime que cela est nécessaire au succès de sa politique. Bien entendu, aucune des modifications précitées ne peut être totalement satisfaisante et toutes comportent leur part d'inconvénients. La privatisation de certaines activités étatiques, par exemple, rapporterait directement à l'entreprise privée, alors que la politisation des fonctionnaires pourrait favoriser le patronage au détriment de la relative neutralité dont l'administration tente de faire preuve. Il ne faut donc pas s'étonner de la multitude des discours.

2.7. LA GESTION DE PROJET

La bureaucratisation des activités est une donnée essentielle de l'apparente inefficacité de toute administration. Si la bureaucratisation dans l'organisation publique crée des lourdeurs, elle évite, en revanche, le règne de l'arbitraire. Dans le secteur public, si le fonctionnaire applique rigoureusement les textes, les « dossiers » avancent plus ou moins et il risque de subir les reproches de ses supérieurs. Si, au contraire, il fait preuve d'initiative, il risque d'exercer un pouvoir assorti d'arbitraire et est menacé de pénalité. Le fonctionnaire oscille ainsi entre deux excès, tout comme l'administration qui paraît résister au changement, alors qu'elle est, en réalité, en constante évolution, grâce aux pressions de l'environnement. Comme son employé, l'administration publique est condamnée à évoluer et à œuvrer dans une situation paradoxale. Le responsable de projet doit bien saisir ces réalités.

Dans cet environnement, celui de l'organisation publique, le responsable de projet ne pourra pas porter autant d'attention qu'il le souhaiterait au respect de certains déterminants. Si les déterminants de délais et de qualité demeurent importants, il n'en va pas nécessairement de même du déterminant de budget, ou vice-versa. Les activités des organisations publiques étant souvent tributaires de divers aléas, le responsable de projet devra prendre garde d'éviter les faux pas. Il pourra s'y exercer en «décodant» l'organisation et en analysant les enjeux qui s'y présentent.

3

LES ACTEURS DU PROJET

Un projet implique généralement différents intervenants, dont un propriétaire-client, un responsable et une équipe. L'équipe est composée de plusieurs personnes, aux expertises et aux connaissances variées. Plus le projet est complexe, plus l'équipe est imposante et plus les acteurs sont nombreux[1].

La gestion du projet peut être déléguée d'une personne à une autre ou d'une personne à un groupe de personnes. Si tel est le cas, il importe alors de distinguer le propriétaire-client du responsable de projet. Le premier endosse et assume la faisabilité, la planification et la réalisation du projet ainsi que tous les coûts et risques afférents. Le second, soit le responsable de projet, exécute le projet au nom du propriétaire-client.

Ces distinctions sont importantes car elles permettent de déterminer de qui, très exactement, dépend le projet. Comme la propriété du projet n'est pas toujours celle du responsable de projet, il est essentiel de bien distinguer les intérêts des uns et des autres. Ainsi, le propriétaire-client, le responsable et l'équipe ont des tâches, des rôles et des caractéristiques spécifiques. Ce chapitre les aborde succinctement.

3.1. LE PROPRIÉTAIRE-CLIENT DU PROJET

Nous nommons « propriétaire-client » la personne qui souhaite ou commande le projet. Il n'est pas rare non plus d'entendre parler d'« initiateur », d'idéateur, de promoteur, de commanditaire ou décideur du projet. Le propriétaire-client a habituellement l'« idée » du projet et dispose des ressources humaines et financières pour le réaliser. C'est lui seul qui assume les risques inhérents au projet.

Le propriétaire-client peut réaliser son projet lui-même et ainsi assumer les rôles de propriétaire-client et de responsable. Il peut aussi en confier l'exécution à un responsable à qui il délègue la réalisation de son projet.

Lorsque le propriétaire-client réalise lui-même le projet, il peut, s'il le désire, en superviser les moindres détails, exiger de son équipe que le projet soit la grande priorité, etc. Il peut accélérer le projet, le ralentir ou encore y mettre fin. Il peut lier le sort de son organisation à la réalisation du projet, etc.

---

1.   Au sens « crozien » du terme. À ce sujet, voir Michel Crozier et Erhard Friedberg, *L'acteur et le système*, Paris, Seuil, 1977.

Si, au contraire, le projet est réalisé à l'extérieur de l'organisation, notamment par un consultant, le propriétaire-client exigera d'être informé régulièrement de la situation. Que le projet soit confié à des responsables œuvrant à l'intérieur ou à l'extérieur de l'organisation du propriétaire-client, ces personnes sont appelées des «responsables de projet». Le responsable agit au nom du propriétaire-client.

3.2. LE RESPONSABLE DE PROJET

Le responsable, comme son titre l'indique, a la «responsabilité» de gérer le projet du propriétaire-client. Très souvent, nous entendons aussi les titres de gestionnaire, maître d'œuvre, mandataire, chargé ou chef de projet. Le responsable peut administrer l'ensemble du projet ou certaines de ses composantes. Le propriétaire-client n'a pas à lui confier, nécessairement, l'ensemble du projet.

Le responsable est, très souvent, un spécialiste, c'est-à-dire un travailleur «qualifié» et un administrateur. Dans l'exécution du projet, son avis et ses conseils sont sollicités à la fois comme spécialiste et comme administrateur, ce qui, dans certaines situations, peut nuire à ses fonctions de gestion et d'administrateur du projet. Le responsable doit ainsi prendre soin de s'acquitter de sa tâche principale, soit la gestion du projet, et éviter d'intervenir dans le travail de ses collègues.

Enfin, le responsable doit avoir la capacité de mener à bien le projet. Le propriétaire-client doit s'assurer que le responsable a effectivement les capacités et les moyens de ses actions.

3.3. L'ÉQUIPE DE PROJET

Le responsable de projet peut avoir à travailler avec différents intervenants. L'envergure et la complexité du projet peuvent exiger des formations académiques et professionnelles variées et multiples. Dans une même équipe, nous pouvons retrouver des spécialistes en relations humaines, en relations publiques, en développement international, en construction, etc. Le responsable de projet voudra s'assurer de bien connaître les avantages et les inconvénients du travail en équipe.

En travaillant sur des concepts abstraits, notamment en sciences humaines, les risques de conflit sont souvent élevés. Le responsable de projet et son équipe veilleront à éviter ces écueils. Dans des situations où le responsable ne peut ou ne veut porter de jugement, sur la conception d'une affiche publicitaire par exemple, il doit s'assurer, lors du choix des membres de son équipe, de s'entourer de personnes de talent, susceptibles d'assumer leurs responsabilités et de mener leurs tâches à bien, avec un minimum de supervision.

La non-interchangeabilité du personnel peut également affecter le déroulement du projet. Un économiste ne peut être remplacé par un politologue, et vice-versa. Le responsable doit ainsi s'assurer que chaque individu a les connaissances nécessaires et assume les bonnes tâches. Il doit également s'assurer que les membres de son personnel peuvent effectivement travailler en équipe puisqu'un projet est souvent une « affaire » d'équipe.

Les problèmes personnels peuvent également miner la productivité de l'équipe. Le responsable de projet doit s'assurer que ses collaborateurs œuvrent dans un environnement sain, susceptible de contribuer à leur épanouissement et à leur dépassement. Trop souvent, et aussi surprenant que cela puisse paraître, de nouveaux employés peuvent arriver sans que la direction ait pris le temps de prévoir un lieu de travail et le matériel requis pour l'accomplissement des tâches.

La modification du projet en cours de réalisation, laquelle commande la gestion du changement, peut être une source additionnelle de conflits entre les différents intervenants qui composent l'équipe. Ainsi, avant d'accepter tout changement suggéré par le propriétaire-client, le responsable voudra s'assurer que ces changements respectent les objectifs et les déterminants afférents au projet. Le problème ne se pose évidemment pas si le propriétaire-client accepte de revoir les modalités de réalisation du projet.

Enfin, comme le rappellent Lalonde, Hunt et St-Pierre (1998, p. 16), le travail en équipe comprend différentes phases de développement qu'il est nécessaire de bien concevoir.

- Formation du groupe : durant cette phase le responsable communique les objectifs du projet, met les structures organisationnelles en place, etc.

- Turbulence : les membres de l'équipe exercent leurs fonctions et accomplissent leurs tâches. « C'est à cette étape que les attentes formulées à l'étape de formation et la réalité se croisent. Évidemment, cela produit des tensions et des conflits. » (*Ibid.*, p. 17)

- Normalisation : l'équipe poursuit les travaux et « le niveau de conflit devrait être inférieur à ce qu'il était à l'étape précédente, car les attentes personnelles s'alignent avec la réalité de la situation » (*Ibid.*). En outre, lors de cette phase, « La cohésion commence alors à se développer. » (*Ibid.*)

- Performance du groupe : l'équipe s'adonne au projet avec entrain.

3.4. LE MANDAT

Le mandat, le contrat ou l'entente lient les parties signataires, c'est-à-dire le propriétaire-client, le responsable et l'équipe. Ils constituent la base sur laquelle sont réalisés les travaux.

Que le projet soit réalisé à l'intérieur ou à l'extérieur de l'organisation, chacune des parties, c'est-à-dire le propriétaire-client, le responsable et l'équipe ou, plus précisément, chacun des membres de l'équipe, fera valoir ses besoins et ses intérêts.

En effet, si le projet est réalisé à l'extérieur de l'organisation, le propriétaire-client s'assurera que le responsable de projet est imputable et qu'il est en mesure de respecter ses obligations. Ainsi, lorsque le gouvernement du Canada confie la gestion d'un projet à une équipe de consultants, les modalités d'entente font l'objet d'un long processus d'attribution et d'un contrat détaillé entre les parties. Ce contrat, réalisé au nom du chef de l'État, énumère, dans les moindres détails, ce qui est exigé et attendu du responsable et de son équipe. Il est lourd de conséquences pour celui qui n'est pas en mesure de s'acquitter convenablement du travail demandé.

Si le projet est réalisé à l'intérieur de l'organisation, le propriétaire-client ou le responsable de projet pourrait aussi vouloir se comporter en client puisque, de plus en plus, les différents services d'une même organisation travaillent à recouvrir leurs coûts d'opération. Ainsi, il n'est pas rare de constater que des services offerts à l'organisation (ressources humaines, communications, conseils juridiques, etc.) fassent l'objet d'une facturation spécifique. Si tel est le cas, le propriétaire-client ou le responsable de projet doit exiger et recevoir un service comparable à ce que le marché est susceptible de lui offrir.

Le propriétaire-client et le responsable du projet doivent convenir des modalités du mandat. Souvent de nature technique et juridique, les modalités stipulent les conditions de réalisation, de cessation et de rupture entre les parties signataires. Le propriétaire-client et le responsable du projet doivent leur porter une attention particulière de manière à protéger et à faire valoir leurs besoins et leurs intérêts respectifs.

Enfin, comme il existe plusieurs types de contrat, le propriétaire-client et le responsable veilleront à s'informer des modalités applicables ainsi que des avantages et des inconvénients de chaque catégorie de contrat[2].

3.4.1. LES OBJECTIFS

Un mandat peu ou mal détaillé peut laisser place à interprétation légale, ce qui n'est à l'avantage de personne, ni du propriétaire-client, ni du responsable. Chacune des parties voudra ainsi s'assurer que le mandat est compris et accepté de part et d'autre. Dans ces conditions, le propriétaire-client et le responsable porteront une attention particulière à la rédaction des objectifs que comporte le mandat.

Bien que le propriétaire-client et le responsable de projet soient tenus de travailler ensemble, de nombreuses situations peuvent les opposer. Le propriétaire-client peut avoir des attentes irréalistes et, partant, frustrer le responsable qui, dans une relation client, dispose de peu de marge de manœuvre. Le propriétaire-client peut aussi cacher d'importantes informations au responsable, lesquelles peuvent s'avérer stratégiques. Le responsable de projet peut aussi ne pas avoir la compétence requise. Le mandat vise à prévenir ce type de situation. Les objectifs, qui sont contenus dans le mandat, comportent des caractéristiques particulières. Ils doivent être clairs, précis, compris, réalistes, communiqués et mesurables.

Les objectifs du projet doivent en effet être clairs et précis. Ils doivent être explicites. Les objectifs du projet doivent aussi être compris. Ils doivent être réalistes et bien communiqués. Bref, un objectif ne doit comporter aucune ambiguïté et ne doit faire l'objet d'aucun malentendu. Enfin, le propriétaire-client et le responsable devraient s'assurer de pouvoir « mesurer » ou évaluer quantitativement l'atteinte de l'objectif.

Le propriétaire-client et le responsable s'assureront aussi que les délais soient suffisants, que les budgets soient réalistes et que la qualité recherchée soit raisonnable.

---

2.   À ce sujet, voir notamment Alain Amghar, *Management de projets*, Montréal, Éditions J.C. inc., 2001.

3.4.2. LES DÉTERMINANTS

En gestion de projet, les objectifs portent généralement sur les délais, le budget et la qualité. Nous estimons que ces objectifs sont en réalité des « déterminants » puisqu'ils précisent la réalité du projet. Ainsi, le mandant, le contrat ou l'entente stipulent les conditions de réalisation du projet et précisent, surtout, les déterminants relatifs aux délais, au budget et à la qualité.

Le propriétaire-client et le responsable doivent porter une attention particulière aux données qui leur permettront d'évaluer si les déterminants du projet ont été atteints, tels que spécifiés dans le mandat. De manière à permettre au propriétaire-client et au responsable de projet de mesurer la qualité et les succès obtenus, Bruce et Langdon (2001, p. 20) suggèrent d'établir des « indicateurs » :

> Par exemple, si votre objectif est d'augmenter les ventes d'une nouvelle boisson, servez-vous de l'indicateur du volume des ventes pour mesurer vos progrès. Si vous éprouvez des difficultés à définir l'indicateur, posez-vous la question « Comment saurons-nous que nous avons atteint cet objectif ? ».

Par exemple, dans la réalisation d'une campagne d'information portant sur le port du casque de protection en glisse (ski alpin et planche), le propriétaire-client et le responsable pourraient convenir des indicateurs suivants :

- Délais : La campagne sera réalisée du 1er au 25 ...

- Budget : La campagne sera réalisée au coût de 25 000 $ ...

- Qualité : Une augmentation annuelle de 25 % du port du casque témoigne de la qualité de la campagne effectuée ...

La grande majorité des propriétaires-clients et des responsables de projet sont en mesure de stipuler les données relatives à l'échéancier de réalisation. Il en va de même des données afférentes au budget[3]. Les indicateurs qui permettent au propriétaire-client et au responsable de projet d'évaluer ces données et, partant, l'atteinte des déterminants, sont des cibles précises, telles des dates ou une enveloppe budgétaire.

---

3.   Cet énoncé est plus ou moins vrai lorsqu'on pense aux nombreux dépassements de coût comme dans le cas, par exemple, du stade olympique de Montréal.

Les données et les indicateurs portant sur la qualité, par ailleurs, demandent à être énoncés. Par exemple, nous pouvons certainement déterminer qu'un produit qui dure (donnée) pendant cinq ans (indicateur) est de bonne qualité. La construction d'une maison, qui résiste au froid, entendons à −40 °C, s'évalue aussi beaucoup mieux, nous en conviendrons, qu'une campagne de relations publiques, une recherche ou une production cinématographique. D'autres situations sont encore plus difficiles à évaluer et doivent faire l'objet de négociations entre les parties. La qualité devrait ainsi être déterminée avant de débuter les travaux de manière à éviter les surprises désagréables, pour le propriétaire-client, comme pour le responsable de projet. À cet égard, le propriétaire-client et le responsable devront trouver, ensemble, une manière d'évaluer si le déterminant de qualité a été atteint ou non.

Par exemple, le propriétaire-client souhaite que vous entrepreniez une étude sur la santé des citoyens. Vous vous adonnez à la recherche, mais vous informez le client que les données sont difficiles d'accès en raison de leur confidentialité. Si le client reconnaît la situation et l'accepte, il n'y a pas de problème, surtout s'il a gardé la possibilité de mettre fin au contrat lors de la présentation des différents rapports d'étape. Il pourrait aussi ne pas accepter la situation et menacer de mettre fin au mandat. Par ailleurs, si le responsable ne parle pas de ces difficultés au cours de ses recherches et présente un rapport défaillant, il risque de ne pas être payé pour ses travaux. La qualité recherchée doit ainsi être précisée au préalable afin de faire l'objet d'un consensus entre le propriétaire-client et le responsable de projet. Dans notre exemple, le mandat devrait stipuler que la « recherche sera réalisée malgré la difficulté d'obtenir des données en raison de leur confidentialité ». Une telle disposition énonce le contexte de la recherche et exprime, sans ambiguïté, ses limites, pour le propriétaire-client comme pour le responsable.

Évidemment, les déterminants doivent être communiqués à tous les intervenants associés au projet. Chacun doit être en mesure de bien saisir les différents enjeux et leur importance. Si les acteurs du projet, c'est-à-dire le propriétaire-client, le responsable et l'équipe conviennent des modalités du mandat et des déterminants, ils peuvent alors passer à la première étape du cycle de vie de la gestion de projet, la « faisabilité ».

4

LA FAISABILITÉ DU PROJET

La faisabilité est la première étape du cycle de vie de la gestion de projet. Elle est précédée par le jalon «idée», celle du propriétaire-client, et est suivie d'un autre jalon, la décision du propriétaire-client d'«entreprendre» ou non le projet. Si cette décision est positive, le propriétaire-client ou son représentant travaille à la rédaction d'un mandat, qui constitue un autre jalon, dans lequel il spécifie les objectifs et les déterminants du projet.

4.1. L'IDÉE

Nous avons tous des idées. Certaines sont bonnes alors que d'autres sont irréalistes. Parmi les bonnes idées, nous en retenons certaines et en écartons d'autres. Parmi les idées retenues, certaines sont plus audacieuses et séduisent davantage. Nous pouvons alors avoir l'intention de concrétiser ces idées et de leur donner forme. Nous ne pouvons, évidemment, réaliser toutes les idées. Nous faisons des choix.

Dans une organisation, les idées sont souvent des sources de renouveau et de compétitivité. Elles permettent de préserver ou d'accroître une part de marché, de rayonner davantage, etc. Dans l'organisation, le choix d'une idée est un événement important et complexe. Important, puisqu'il peut mobiliser des ressources humaines et financières, et complexe parce qu'il peut susciter des animosités, des bouleversements, des transformations, etc.

Genest et Nguyen (1995, p. 39) estiment que les idées naissent et proviennent, notamment, d'activités de recherche et développement, de l'extérieur de l'organisation ou encore pour répondre à un besoin ou à une contrainte. Nous pouvons assurément dresser la liste des différentes raisons qui peuvent influencer la création, la rétention puis la réalisation d'une idée. La possibilité de générer de nouveaux revenus est, certes, un facteur intéressant, mais il n'est pas nécessairement le plus important.

Dans les organisations publiques, la pertinence de réaliser une idée peut découler de l'intérêt de la collectivité, même si, à première vue, elle semble coûteuse. Ainsi, il est probablement de l'intérêt de la collectivité de mettre en place d'importantes campagnes de communication pour inciter les gens à utiliser le transport en commun, même si une telle idée coûte des milliers de dollars. À court terme, ce projet n'engendre que des dépenses. À long terme toutefois, en réussissant vraiment à accroître l'utilisation du transport en commun, la société parapublique, le gouvernement et la collectivité pourront se réjouir d'avoir contribué à préserver l'environnement. Il en va de même de certaines mesures dans le domaine de la santé. La prévention occasionne certes des dépenses immédiates, mais permet aussi, à terme, de compter plus de citoyens en santé et, partant, de réaliser d'importantes économies dans ce domaine.

L'idée générée dans le secteur privé peut, bien sûr, être commandée par un impératif de profit ou de concurrence, mais pas nécessairement. Une organisation privée peut investir énormément d'argent en recherche et développement en espérant, qu'un jour, cela lui profite. Une telle dépense est alors considérée comme un investissement. Cela étant dit, cette dépense peut aussi devenir une perte.

Dans l'ensemble des organisations, l'idée est soumise à de nombreux filtres : contexte, collaborateurs, chaîne de commandement, actionnaires, etc. Aussi, le jalon « idée », qui permet la mise en œuvre de l'étape de faisabilité, fait l'objet de nombreuses réflexions et discussions.

Enfin, le choix d'une idée relève du propriétaire-client. Lorsque l'idée est arrêtée, si elle comporte des objectifs et si elle génère suffisamment d'enthousiasme, le propriétaire-client peut alors vouloir en évaluer la faisabilité. Il est possible qu'il ait à choisir entre différentes bonnes idées. Il peut alors recourir à des méthodes d'évaluation afin de déterminer laquelle des idées présentées a le plus de possibilités. Il peut, par exemple, dresser la liste des avantages et des inconvénients de chaque idée, estimer les revenus et les gains anticipés, comparer les bénéfices d'agir ou de ne pas agir, etc.

4.2. LA FAISABILITÉ

La faisabilité consiste à évaluer la pertinence, selon différents critères, de réaliser l'idée sous la forme d'un projet. Plus précisément, il s'agit, avant même de débuter les travaux, d'entrevoir la possibilité de réaliser l'idée avec succès, au moindre risque. En d'autres mots, cette idée est-elle faisable au regard des différents critères pertinents ? Ainsi, nous dirons que *la faisabilité vise à évaluer, le plus précisément possible, si l'idée envisagée est faisable ou réalisable au regard de différents critères et au moindre risque.*

Selon Genest et Nguyen (1995, p. 61), l'évaluation de la faisabilité engendre des dépenses représentant de 4% à 8% du coût
estimé de la réalisation du projet. Ainsi, plus le projet est d'envergure,
plus le coût de l'étape de faisabilité est élevé.

Les dépenses associées à l'étape de faisabilité peuvent évidemment être perdues à jamais si celle-ci n'est pas concluante. Notons
que la majorité des propriétaires-clients accepte davantage l'idée de
perdre ces dépenses moins importantes que celles relatives à l'ensemble
du projet.

Pour de nombreux spécialistes et praticiens, l'étape de faisabilité comporte, elle aussi, différentes composantes. Elles permettent au
propriétaire-client d'envisager le projet sous différents angles. Pour
Lalonde *et al.* (1998, p. 25), la faisabilité comporte cinq composantes :

- marché : qui s'apparente à l'étude de la demande et de
l'offre ;

- temporelle : qui évalue la possibilité de respecter les délais
fixés ;

- technique : qui détermine la disponibilité des outils techno-
logiques ;

- économique : qui analyse les coûts et les bénéfices ;

- financière : qui détermine la rentabilité éventuelle du projet.

Pour O'Shaughnessy (1992, p. 103), la faisabilité rassemble les
études concernant les domaines suivants :

- le marché ;

- la technique ;

- les ressources humaines ;

- la localisation ;

- les aspects financiers.

Enfin, pour Genest et Nguyen (1995, p. 35), la faisabilité
s'estimerait au regard de quatre composantes :

- technique ;

- financière ;

- économique ;

- organisationnelle.

À l'instar de Genest et Nguyen notamment, nous retiendrons que la faisabilité compte quatre composantes, c'est-à-dire technique, financière, économique et organisationnelle.

Les composantes précitées ne sont pas exclusives. Un propriétaire-client pourrait en ajouter de nouvelles de manière à évaluer certains aspects du projet (environnemental, politique, etc.). Il pourrait examiner les nouvelles composantes très spécifiquement (environnement) ou les traiter sous l'égide d'une des grandes composantes précitées (l'environnement sous la composante technique, par exemple).

L'ordre des composantes peut également varier. Par exemple, la faisabilité politique du projet (absente ici) pourrait rendre inutiles les composantes subséquentes. Une composante portant spécifiquement sur la faisabilité « environnementale » qui serait négative pourrait également compromettre la suite des choses. Enfin, il faut noter que plus la composante exige de l'information, financière par exemple, plus elle doit être effectuée après les autres.

4.2.1. LA FAISABILITÉ TECHNIQUE

Le propriétaire-client pourra-t-il réaliser et mener à bien l'idée et, éventuellement, le projet, en fonction de la disponibilité des techniques, des outils et des moyens requis ? Par exemple, est-il possible de diffuser à la télévision, en période de grande écoute, entre 18 h et 22 h, le message publicitaire de votre plus important client ? Évidemment, sur le plan technique, le média existe bel et bien, mais aucun segment publicitaire n'est disponible aux heures de grande écoute. Pire, le média et le créneau envisagés sont disponibles, mais le média en question est la propriété du concurrent le plus important de votre client ! Le terme « technique » peut recouvrir plusieurs réalités. Ainsi :

- Les journalistes seront-ils disponibles lors de la conférence de presse ? Existe-t-il un événement concurrent au nôtre ?

- Est-il possible de fermer la rue aux automobiles pour tenir l'événement ? Les autorités municipales consentiront-elles à émettre le permis nécessaire ?

- Peut-on réunir tous les participants dans cette pièce ? Existe-t-il un règlement qui détermine un nombre maximum de personnes ?

- Un hôtel sera-t-il disponible pour notre congrès annuel ? Cet hôtel peut-il être situé près d'un service de transport en commun, comme le métro ?

- Le traiteur sera-t-il en mesure de conserver les aliments au frais ? Pour quelques jours ?

- Le couloir, à cet étage, est-il suffisamment large pour permettre aux exposants de s'installer et de présenter leurs produits et services aux passants ?

- Cette billetterie peut-elle permettre aux clients d'acheter rapidement leur droit d'entrée au spectacle ?

- Ce « super » ordinateur sera-t-il distribué dans les délais ?

- Les autobus seront-ils disponibles pour amener les voyageurs du point A au point B ?

- Peut-on s'adonner à des travaux de construction sur ce sol contaminé ? Doit-on décontaminer les lieux ou chercher un autre emplacement ?

En somme, le terme « technique » doit être utilisé de manière à considérer la faisabilité du projet dans son aspect pratique. Prenons le cas de l'organisation d'un événement, congrès ou salon industriel. Le projet est réalisable certes, mais il serait plus pratique de l'exécuter, par exemple, en périphérie du centre-ville. Le projet peut certainement être réalisé en périphérie, mais cette localisation nuirait à l'existence même du projet. Encore, on peut très certainement organiser ce projet en mai, mais il devra soutenir la concurrence de bien d'autres car ce mois est prisé par nombre d'organisations, etc.

Si nous acceptons la faisabilité technique du projet, on peut alors passer à sa faisabilité financière.

4.2.2. La faisabilité financière

Les revenus anticipés seront-ils supérieurs aux coûts du projet ? Si un propriétaire-client envisage d'investir un million de dollars dans la réalisation d'un projet (dépenses) et estime, grâce au même projet, obtenir deux millions de dollars de revenus, il conclura probablement[1] en la faisabilité financière du projet. Si, au contraire, il n'est pas en mesure de récupérer son investissement initial et de générer des revenus, il est possible qu'il mette fin au projet.

---

1.   Après avoir considéré bien d'autres choses, par exemple, les impôts.

Le propriétaire-client peut également considérer un projet « faisable » financièrement s'il est susceptible de générer des économies à court, moyen ou long terme. Ainsi, même si l'acquisition de matériel informatique est onéreuse, elle peut permettre, à moyen terme, et à certaines conditions, de réaliser des économies substantielles ou des gains de productivité.

Dans les cas précités, le propriétaire-client fait des projections de dépenses et de revenus. Il estime, envisage, suppose, etc., que la réalisation du projet lui coûtera tant et, qu'en revanche, elle lui rapportera tant. Les projections du propriétaire-client peuvent être optimistes ou pessimistes. À cet égard, le propriétaire-client a intérêt à être le plus réaliste possible et à situer son analyse entre les pôles optimiste et pessimiste.

Lors de l'analyse de la composante de faisabilité financière, il importe également d'envisager, outre les coûts de réalisation du projet, les coûts récurrents, c'est-à-dire les dépenses qui résultent de l'exploitation et de l'entretien du projet. Par exemple, les coûts associés à la construction d'un musée devraient également considérer les dépenses d'exploitation et d'entretien. Il en va de même des coûts de production d'un film où il faudrait considérer les coûts associés à sa promotion. Si le projet est réalisé sur quelques années, le responsable de projet doit également envisager les coûts relatifs à l'inflation[2].

Le montage budgétaire, réalisé dans le cadre de l'analyse portant sur la faisabilité financière, présente également au propriétaire-client un état prévisionnel des dépenses et des revenus[3]. Il convient d'identifier non seulement les dépenses mais aussi l'ensemble des activités susceptibles de générer des revenus et les estimer. Dans l'exploitation d'un musée, par exemple, on envisage les revenus générés de la billetterie, de la vente du catalogue de l'exposition, de la vente de produits dérivés, etc. Ces revenus et dépenses peuvent être envisagés sur plusieurs années.

Enfin, le responsable de projet voudra certainement avoir recours à des méthodes précises pour évaluer le budget du projet avec plus de rigueur[4].

---

2. Nous reviendrons sur cette question plus loin.
3. À ce sujet, voir notamment Wilson O'Shaughnessy, *op. cit.*, chapitre 13.
4. Sur ces méthodes, voir Bernard-André Genest et Tho Hau Nguyen, *op. cit.*

4.2.3. LA FAISABILITÉ ÉCONOMIQUE

Les avantages du projet sont-ils supérieurs à ses inconvénients? Par exemple, les campagnes anti-tabac sont prometteuses au regard de la santé publique même si elles sont coûteuses et restrictives. On peut en effet estimer que leurs avantages sont supérieurs à leurs inconvénients, peu importe leurs coûts actuels. Il en va de même en matière de contenu canadien à la télévision. En exigeant des radiodiffuseurs qu'ils présentent des émissions canadiennes en période de grande écoute, le gouvernement du Canada encourage et appuie l'industrie canadienne de la production télévisuelle même si, du point de vue financier, il serait probablement plus intéressant, pour les télévisions canadiennes, de présenter des émissions américaines. Ici encore, les avantages de développer une industrie de la production télévisuelle canadienne l'emportent sur les inconvénients mentionnés précédemment.

La faisabilité économique ne porte donc pas sur des comparaisons entre les coûts et les revenus afférents à la réalisation du projet, mais sur des objectifs (la création d'une société de non-fumeurs ou le maintien d'une industrie canadienne de la production télévisuelle) que l'on souhaite réaliser. Le propriétaire-client doit alors déterminer ce qu'il considère être un avantage ou un inconvénient. Genest et Nguyen (1995, p. 70) rappellent aussi que ce type d'analyse devrait également considérer les effets distributifs:

> Dans le cas de la construction d'une autoroute urbaine, on peut évaluer le coût de construction et certains avantages (comme la réduction du temps de trajet et du coût de transport) et inconvénients (comme le bruit et la rupture de quartiers résidentiels). Le bilan économique peut être positif: les avantages, exprimés en valeur monétaire, s'avèrent supérieurs aux inconvénients (y compris les coûts), aussi exprimés en valeur monétaire. Cependant, les avantages et les inconvénients ne sont pas distribués uniformément entre les trois principaux groupes affectés: la population en général, les banlieusards et les résidents. En effet, la population en général paie le coût de construction de l'autoroute par le biais des taxes sur l'essence: c'est un inconvénient, mais, réparti sur plusieurs personnes, il est peu perçu; les banlieusards bénéficient d'une réduction de leur temps de trajet et reçoivent ainsi des avantages non monétaires directs: ils ont peu d'inconvénients; finalement, les résidents des quartiers rupturés doivent être relocalisés et ceux qui demeurent près de la nouvelle autoroute seront incommodés par le bruit: ils subissent des inconvénients majeurs et ne reçoivent le plus souvent aucun avantage de l'autoroute. De tels effets distributifs devront être pris en considération dans la détermination de la rentabilité.

4.2.4. LA FAISABILITÉ ORGANISATIONNELLE

Dispose-t-on de ressources humaines compétentes pour éventuellement réaliser le projet[5] ? Certains projets exigent un personnel qualifié et aux compétences variées. Ces personnes sont-elles disponibles au moment de débuter le projet ? Ce type de question est abordé lors de la planification organisationnelle. Il s'agit alors de s'assurer que les ressources humaines nécessaires pour mener à bien le projet seront disponibles le jour convenu et qu'elles pourront l'être tout au long de la réalisation du projet.

4.3. LA GESTION DU RISQUE

Un projet, puisqu'il se réalise dans l'incertitude, comporte nécessairement des risques. Un risque, écrit Giard (1991, p. 119), est :

> [...] la possibilité qu'un projet ne s'exécute pas conformément aux prévisions de date d'achèvement, de coût et de spécifications, ces écarts par rapport aux prévisions étant considérés comme difficilement acceptables voire inacceptables.

Ces risques sont de différents ordres. Ils peuvent être techniques, financiers, économiques et organisationnels. Ils peuvent aussi être politiques ou personnels. Par exemple, l'organisation peut privilégier un projet au détriment d'un autre, pour des raisons obscures et douteuses.

Le propriétaire-client doit anticiper les risques inhérents au projet et déterminer s'ils sont raisonnables ou, au contraire, trop importants pour entreprendre le projet. Il lui appartient de déterminer le niveau de risque qu'il est prêt à courir et à assumer. Pour chaque risque envisagé, le propriétaire-client devrait pouvoir disposer (et se forcer à disposer) d'une ou de plusieurs options de solution, sans quoi ce propriétaire-client pourrait ne jamais réaliser de projet. En d'autres mots, on doit pouvoir déterminer ce qu'est un véritable risque.

Bruce et Langdon (2001, p. 15) suggèrent de recourir à l'analyse des « forces » de manière à permettre au propriétaire-client et au responsable de « décider si les forces motrices sont supérieures aux

---

5.   Genest et Nguyen incluent également dans cette analyse l'acceptation du projet par les différents publics cibles auxquels il est destiné, telle une étude de marché (*Ibid.*, p. 72). Nous estimons, pour notre part, que de telles études doivent être réalisées en amont, dès l'évaluation de l'idée, par exemple.

forces d'inertie et, par conséquent, si le projet a de bonnes chances
d'aboutir». Le propriétaire-client et le responsable sont ainsi appelés
à dresser la liste des forces positives (motrices) ou négatives (inertie)
associées au projet. Plunkett et Hale (1982, p. 74) suggèrent aussi de
considérer le caractère sérieux et probable du risque envisagé.

Enfin, le propriétaire-client et le responsable de projet doivent
prendre garde, comme le rappellent Joly et Muller (1994, p. 157), à
certains projets de types :

- « illusion », où le rêve l'emporte sur la réalité ;
- « flou », où le chemin pour réaliser le projet n'est pas tracé ;
- « alibi », qu'on réalise pour se donner bonne conscience ;
- « provisoire », dans lequel on dit toujours « on verra plus tard » ;
- « désorganisé », c'est-à-dire sans ordre ;
- « technocratique », où l'on s'attarde à un aspect seulement du projet ;
- « coûteux », c'est-à-dire dispendieux ;
- « délayé », où l'on confond planification et souhait du propriétaire-client.

4.4. LA DÉCISION D'ENTREPRENDRE

L'étape de faisabilité terminée, le propriétaire-client doit alors franchir
un jalon et décider d'entreprendre ou non le projet. En effet, après
avoir complété les composantes de faisabilité technique, financière,
économique et organisationnelle du projet, évalué les risques et les
solutions, le propriétaire-client décide, en connaissance de cause, s'il
entreprend ou non le projet. Il reste certes de nombreuses incerti-
tudes, mais les informations sont suffisantes pour prendre une décision éclairée. Si le propriétaire-client souhaite aller de l'avant, il
franchit un autre jalon et procède à la rédaction d'un mandat, lequel
précise les conditions de succès du projet.

4.5. EXEMPLES

Pour illustrer les différentes composantes de la faisabilité et leur utilité,
nous proposons quatre exemples. Le premier porte sur la pertinence
de réaliser ou non un mémoire de maîtrise à l'étranger. Il s'adresse

tout particulièrement aux étudiants. Le second exemple traite de rénovations domiciliaires. Nous croyons que cet exemple peut être utile au quotidien. Notre troisième exemple porte sur la faisabilité d'une recherche universitaire commandée. Enfin, notre quatrième et dernier exemple porte sur l'organisation d'un colloque. Cet exemple sera probablement intéressant pour les personnes en relations publiques notamment, chargées d'organiser des événements.

4.5.1. LA FAISABILITÉ D'UN MÉMOIRE DE MAÎTRISE À L'ÉTRANGER

Une étudiante, Marianne, souhaite réaliser les observations nécessaires à son projet de mémoire de maîtrise dans une contrée aux prises avec des menaces de guerre civile. De manière à évaluer la situation, Marianne recourt à la faisabilité pour estimer les chances de réaliser son projet.

Sur le plan technique (la faisabilité technique), Marianne réalise que très peu de transporteurs aériens offrent des destinations dans la lointaine contrée désirée. Comme il n'existe aucune concurrence pour ce type de service, le prix d'un billet d'avion, aller-retour, est exorbitant. Le transporteur l'informe également que le service est instable en raison de la situation politique du pays. De fait, le prochain vol a été annulé. Marianne a bien considéré d'autres moyens de transport, mais aucun ne peut se rendre à destination. L'avion est donc le seul moyen possible. Marianne a également consulté le ministère des Affaires étrangères et les associations locales pour obtenir de l'information sur les gîtes et les hôtels où elle pourrait résider lors de son séjour. Les employés du ministère et des associations ont été incapables de répondre à ses questions en raison de l'incertitude de la situation dans le pays. Marianne n'a donc aucune idée de l'endroit où elle pourrait séjourner. Marianne a aussi cherché à savoir auprès des employés du gouvernement et des associations locales s'il serait possible de faire des entrevues avec des notables du pays. Les fonctionnaires comme les représentants des associations lui ont répondu que ces notables avaient très certainement d'autres priorités et qu'il était peu probable qu'ils aient le temps de lui accorder des entrevues.

Sur le plan financier (la faisabilité financière), Marianne conclut que les coûts du projet sont inférieurs aux revenus dont elle dispose[6]. Comme Marianne envisage de réaliser son stage l'année

---

6. Le responsable de projet doit considérer la valeur des devises surtout s'il œuvre sur la scène internationale.

prochaine, sa bonne amie Catherine lui rappelle qu'elle devrait hausser ses projections de dépenses de 4 % de manière à tenir compte de l'inflation[7].

Sur le plan économique (la faisabilité économique), Marianne est convaincue que les avantages du projet sont bien supérieurs aux différents inconvénients. En effet, Marianne estime que, sur le plan personnel, elle profitera grandement de cette expérience à l'étranger. Elle croit en outre que la qualité de son mémoire de maîtrise sera accrue par ses observations sur le terrain. Il existe certes des inconvénients, mais les avantages sont très intéressants.

Sur le plan organisationnel (la faisabilité organisationnelle), Marianne a consulté le ministère des Affaires étrangères et les associations locales pour savoir si de l'aide pourrait lui être offerte (guide, interprète, etc.) pour réaliser ses différentes observations. Marianne n'a obtenu aucune réponse.

Dans sa gestion des risques, Marianne estime que l'irrégularité des vols, la difficulté de trouver un hôtel et du personnel, et l'apparente impossibilité de réaliser des entrevues nuisent à la faisabilité de son idée. Devant cette incertitude, révélée par les faisabilités technique et organisationnelle, Marianne estime qu'il serait peut-être préférable de réaliser son stage dans un autre pays[8].

4.5.2. LA FAISABILITÉ DE RÉNOVATIONS DOMICILIAIRES

Claudine, qui habite sa résidence depuis maintenant dix ans, souhaite acquérir de nouvelles fenêtres, se doter d'une toute nouvelle cuisine et refaire le revêtement extérieur de sa maison. Après avoir rencontré différents entrepreneurs, elle arrête son choix sur la compagnie Camille et Rita Rénovations. Si Claudine décidait d'entreprendre les travaux avec cet entrepreneur, il lui en coûterait près de cinquante mille dollars. Elle décide ainsi d'évaluer la faisabilité de son projet.

Sur le plan technique, les fenêtres, les accessoires de cuisine et le revêtement sont disponibles. Les fenêtres, toutefois, doivent être commandées de quatre à six semaines avant le début des travaux.

---

7. Le pourcentage de 4 % équivaut approximativement à la hausse annuelle du coût de la vie. Il s'agit de l'Indice des prix à la consommation. Ce pourcentage ne s'applique pas sur les revenus, lesquels peuvent bénéficier d'un pourcentage autre, déterminé, souvent, par les fluctuations du marché.

8. Cette décision nécessite, évidemment, la réalisation d'une autre étape de faisabilité puisque, dans cet exemple, le contexte du projet sera complètement nouveau.

Cette situation ne pose pas de problème particulier puisque Claudine, qui a débuté ses recherches en janvier, compte procéder à la signature du contrat de construction le 1er mars et débuter les travaux le 1er mai. La construction de la cuisine ne pose, elle aussi, aucun problème particulier. Les armoires et les différents accessoires seront commandés avec les fenêtres par le même entrepreneur. Le revêtement extérieur, enfin, pourrait être réalisé à la suite des travaux principaux, voire l'année suivante.

Sur le plan financier, le budget des travaux est le suivant (figure 4.1) :

FIGURE 4.1
La faisabilité de rénovations domiciliaires

Revenus	
✓ Renouvellement hypothécaire	60 000 $
Dépenses	
✓ Fenêtres et portes	18 000 $
✓ Cuisine	22 000 $
✓ Revêtement extérieur	12 000 $
✓ Total	52 000 $
Reste	8 000 $

Ces travaux de construction sont une décision très importante pour Claudine puisque, pour les entreprendre, elle doit accroître son prêt hypothécaire de 60 000 dollars, lequel passe ainsi de 100 000 (hypothèque actuelle) à 160 000 dollars (hypothèque renouvelée). Comme elle souhaite cesser de travailler dans dix ans, elle veut être en mesure d'assumer cette nouvelle hypothèque sur cette même période, ce qui, évidemment, occasionne une hausse mensuelle de ses paiements. Pour ce qui est du remboursement hypothécaire sur dix ans, Claudine l'évalue tel que démontré à la figure 4.2.

Même si Claudine bénéficie d'un excellent emploi et d'épargne considérable, elle considère risqué de consacrer les deux tiers de son revenu mensuel à ses paiements hypothécaires pour les dix prochaines années. Elle évalue également des risques, tels que la perte de son

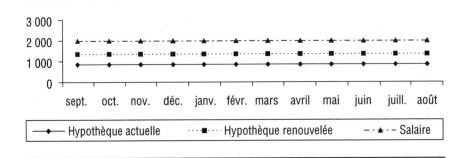

FIGURE 4.2

La faisabilité de rénovations domiciliaires – Plan 1

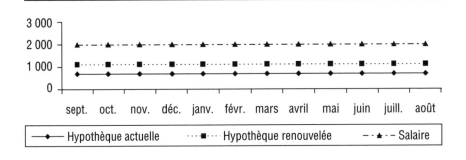

FIGURE 4.3

La faisabilité de rénovations domiciliaires – Plan 2

emploi et une augmentation substantielle des taux d'intérêt, ce qui l'incite à privilégier l'épargne. À l'analyse, Claudine abandonne son idée de rembourser son prêt hypothécaire au cours des dix prochaines années[9]. Elle considère par contre cet autre scénario, lequel se déroule sur douze ans (figure 4.3).

---

9.   Le lecteur aura noté que Claudine ne paie aucun intérêt sur son prêt. Cette situation est bien « fictive ». Le calcul utilisé est le suivant : 100 000 / 10 ans = 10 000 par année / 12 mois = 834 par mois et 160 000 / 10 ans = 16 000 par année / 12 mois = 1 334 par mois.

Claudine réalise qu'elle est en mesure d'assumer son prêt hypothécaire. Évidemment, elle devra prendre garde aux dépenses superflues mais, dans approximativement douze ans, sa maison sera entièrement payée[10]. Elle aura aussi profité de sa maison et la valeur de celle-ci aura probablement augmenté.

Certes, le coût des rénovations est élevé, mais Claudine, dans l'analyse de sa faisabilité économique, a aussi évalué qu'il lui en coûtera moins cher en chauffage, que la valeur de sa résidence augmentera et que les sommes qu'elle dépensait à peindre le rebord des fenêtres et le bois apparent de la maison seront épargnées. La dépense de 60 000 dollars lui apparaît, alors, comme un investissement. Enfin, comme elle compte demeurer dans sa résidence pour les douze prochaines années au moins, elle pourra profiter de l'ensemble des rénovations effectuées.

Sur le plan organisationnel, Claudine s'inquiète de certains éléments. Elle a bien spécifié aux entrepreneurs Camille et Rita que les travaux devaient nécessairement débuter le 1er mai et se terminer 30 jours plus tard. Claudine a en effet décidé de prendre un congé sans solde d'un mois pour mettre la main à la pâte et célébrer sa nouvelle demeure le 1er juin. Elle souhaite en outre prendre ses vacances annuelles au mois d'août. En femme organisée, rien, a-t-elle précisé aux entrepreneurs, ne doit déroger de ce calendrier.

Or, l'entrepreneur choisi a délégué la construction de la cuisine à un sous-traitant, Clément et Rachel Blanc, lequel n'a jamais été en mesure d'affirmer qu'il serait effectivement disponible à la date convenue. Claudine sait bien qu'à défaut d'un contrat ou d'un mandat en bonne et due forme, l'entrepreneur et son sous-traitant ne s'engageront jamais de manière à éviter de perdre un autre client. Le contrat devient ainsi nécessaire pour arrêter « légalement » le début des travaux.

4.5.3. LA FAISABILITÉ D'UNE RECHERCHE

Trois importantes entreprises œuvrant dans le domaine des télécommunications demandent à un chercheur universitaire, Mario, d'analyser les tenants et les aboutissants du commerce électronique. Plus

---

10. Le calcul utilisé est le suivant : 100 000 / 12 ans = 8 333 par année / 12 mois = 695 par mois et 160 000 / 12 ans = 13 333 par année / 12 mois = 1 111 par mois.

particulièrement, ces entreprises souhaitent connaître les prédispositions des consommateurs à l'égard du commerce électronique au Québec, au Canada et dans certains pays occidentaux. Les entreprises souhaitent que cette recherche soit réalisée d'ici huit mois. Elles sont disposées à consentir 100 000 $ au projet. Mario fait appel à ses collègues Suzanne, Tammy, Dereck et Pierre pour discuter du projet et de leur intérêt respectif à y participer.

Suzanne, qui est chercheuse principale, estime qu'il est possible de réaliser la recherche demandée. Certes, la littérature savante sur le sujet est peu développée, mais le Web offre de nombreuses sources d'information, tout comme les gouvernements intéressés par cette nouvelle manière de faire du commerce. Le Québec, le Canada, les États-Unis, la France et le Royaume-Uni, entre autres, disposent de nombreuses informations sur le sujet, accessibles par le truchement de leur site Web respectif. À cet égard d'ailleurs, Dereck recommande de limiter la recherche à ces endroits très spécifiquement. En ce qui a trait à l'aspect prospectif de la recherche, Mario propose de tenir des groupes témoins et d'analyser les discussions. Des entrevues avec des spécialistes pourraient également être réalisées. Tammy propose aussi de distribuer un questionnaire électronique afin de connaître les habitudes des internautes sur le sujet.

Sur le plan financier, Mario estime que le budget afférent à la recherche devrait comprendre une aide à la diffusion des résultats. Le budget envisagé devrait permettre la dissémination de l'information par le truchement de la publication d'un livre et de la tenue de conférences. Cette question devra faire l'objet de discussions avec les entreprises clientes puisqu'elles voudront peut-être conserver les droits. Cela étant dit, l'équipe croit être en mesure de réaliser la recherche demandée, et les activités de diffusion, avec le budget proposé. Elle pourra en outre, croit-elle, rémunérer les personnes participant aux groupes témoins et même offrir des prix de participation aux internautes qui auront rempli le questionnaire électronique.

Sur le plan économique, Mario estime qu'il est très intéressant d'œuvrer avec les entreprises, surtout si elles consentent à libérer les droits. De telles associations ne peuvent que profiter à l'université et aux entreprises. Cependant, la question des droits devra faire l'objet d'autres discussions avec les entreprises clientes.

Enfin, sur le plan organisationnel, Suzanne, Tammy, Dereck et Pierre se disent disponibles pour les huit prochains mois, incluant la période des vacances. Mario croit qu'il faut plutôt parler des dix prochains mois, compte tenu des activités de diffusion de la recherche prévues. L'équipe, une fois encore, se dit disponible. Enfin, rappelle Pierre, l'équipe est bien informée des différentes problématiques portant sur l'informatisation de la société, ce qui est un gage de succès.

4.5.4. LA FAISABILITÉ D'UN COLLOQUE

Le président de l'Association pour la recherche en communication et ses collègues souhaitent organiser, dans un an, dans le cadre de l'assemblée annuelle des membres, un colloque portant sur un sujet d'actualité. Le président et son équipe estiment que cette idée de colloque pourrait accroître la notoriété de l'organisation, générer des revenus et permettre aux membres de profiter encore davantage des services offerts par l'association. Ils voient en outre dans la tenue de ce colloque une occasion de prendre position sur des sujets d'actualité.

Après plusieurs discussions, l'exécutif de l'association convient que le thème du colloque pourrait porter sur «Les promesses de l'autoroute électronique». Après avoir noté, dans les années 1990, l'engouement général (industries, gouvernements, consommateurs, etc.) pour l'utilisation des nouvelles technologies, les réseaux électroniques, etc., et, dans les années 2000, avec l'éclatement de la «bulle» technologique, le désenchantement, l'exécutif estime que plusieurs personnes (membres et non-membres) pourraient être intéressées par ce thème, «les promesses» qui, pour l'instant, retient peu l'attention. L'exécutif convient de la nécessité de discuter de la pertinence de cette idée avec quelques membres influents de l'association, notamment Serge et Ginette, afin de déterminer l'attrait d'un tel sujet et, surtout, d'identifier la tenue d'événements concurrentiels. L'exécutif délègue cette tâche à Suraya et Christophe qui présenteront leurs observations à la prochaine rencontre.

Sur le plan technique, il faudra évidemment louer une salle (hôtel, université, etc.), pendant une journée, de 8 h à 20 h, pour permettre la tenue de l'événement. L'endroit doit être situé à proximité des transports en commun. La salle retenue devrait être suffisamment grande pour contenir les membres de l'association (près de deux cents personnes), les non-membres intéressés par l'événement (cent personnes, croit l'exécutif) et les invités (médias, commanditaires, etc.). La salle devrait inclure le matériel nécessaire (chaises, écran, micro, table, etc.) et devrait en outre être équipée pour permettre les présentations multimédias et l'accès à Internet. Enfin, les membres de l'exécutif souhaiteraient que la salle ait des fenêtres et qu'elle permette une organisation non traditionnelle de l'espace (on ne veut pas disposer les chaises en style théâtre!).

L'endroit où le colloque aura lieu doit également être en mesure d'assurer la gestion des repas (un petit-déjeuner, un déjeuner, des plats de fruits aux pauses et des bouchées au cocktail) et des rafraîchissements (aux pauses et au cocktail).

Les membres de l'exécutif aimeraient également disposer d'un espace adjacent à la salle, lequel devrait permettre :

• de disposer des tables pour l'inscription ;

• de disposer des tables pour les médias ;

• de proposer un vestiaire ;

• de disposer des tables pour offrir le petit-déjeuner et les pauses.

Cet espace doit aussi permettre à des entreprises de monter leur kiosque (ou de disposer d'une table) pour présenter leurs produits et leurs services aux participants du colloque.

L'exécutif veut également disposer d'une autre salle pour le déjeuner. Cette salle doit être à distance raisonnable de la salle du colloque pour éviter les longs déplacements. Enfin, l'exécutif croit qu'une pièce additionnelle pourrait être nécessaire pour rencontrer les médias, etc., encore une fois à proximité de la salle du colloque. Des membres de l'exécutif se voient ainsi confier la tâche de rechercher un endroit qui puisse permettre la tenue du colloque selon les grandes lignes directrices énoncées. L'exécutif délègue cette tâche à Anick et Alexie. Elles présenteront les différentes options (salle, coûts, etc.) à la prochaine rencontre.

Sur le plan financier, l'exécutif estime que les coûts afférents à la location d'une salle, les repas, les rafraîchissements, le matériel, la publicité, les relations médias, etc., pourraient être partagés par l'ensemble des participants. À défaut d'information (un travail qui doit être exécuté par Anick et Alexie), les membres de l'exécutif évaluent qu'il pourrait en coûter 80 $ par personne. L'inscription pourrait donc être de 100 $ pour les non-membres et de 60 $ pour les membres. Certains membres de l'exécutif estiment plutôt que le prix pourrait être de 160 $ pour les non-membres et de 120 $ pour les membres afin de permettre à l'association d'inviter gratuitement les bénévoles qui travailleront à l'organisation du colloque, les étudiants, certains commanditaires, etc. D'autres membres souhaitent que le colloque soit l'occasion de générer des revenus importants pour l'association. Ils proposent ainsi d'exiger 200 $ des non-membres et 160 $ des membres. Après avoir discuté de différentes hypothèses, les membres de l'exécutif conviennent d'une estimation de participation et envisagent les revenus et les dépenses suivantes :

Revenus :

✓ 100 membres × 80 $ = 8 000 $

✓ 50 non-membres × 120 $ = 6 000 $

✓ 50 invités × 0 $ = 0 $

✓ Trois grands commanditaires × 10 000 $ = 30 000 $

✓ Dix petits commanditaires × 2 000 $ = 20 000 $

Dépenses :

✓ 200 personnes × 80 $ = 16 000 $

✓ Divers = 10 000 $

Avec des revenus anticipés de 64 000 $ et des dépenses de 26 000 $, l'exécutif convient très rapidement de la faisabilité financière de l'événement. On demande à Jocelyne d'évaluer la pertinence du prix envisagé et de préparer un budget détaillé.

Comme l'association dispose d'épargne de 10 000 $, l'exécutif peut envisager de procéder à la réalisation de différentes tâches rapidement. Marc, Marie-Pierre et Marie-Christine seront responsables d'approcher les commanditaires. À la prochaine rencontre, ils présenteront les organisations visées, le plan de commandite et une ébauche de lettre de sollicitation.

Sur le plan économique, les membres de l'exécutif estiment que l'association profitera grandement de la tenue de ce colloque. Elle accroîtra son rayonnement et sa notoriété et démontrera à ses membres, une fois de plus, la qualité des services offerts.

Enfin, sur le plan organisationnel, les membres de l'exécutif ne prévoient pas de difficulté particulière. Tous sont en mesure de participer à l'événement et conviennent de s'affairer à différentes tâches. Un membre de l'exécutif, que l'on surnomme affectueusement « Fripouille », compte même recruter des étudiants en communication pour s'acquitter de différentes fonctions. Les conférenciers pourraient, évidemment, être difficiles à rejoindre ou être dans l'impossibilité de participer au colloque. Les membres de l'exécutif discutent des personnalités susceptibles de participer à l'événement et chargent Jean et Lise de s'affairer à cette tâche.

4.5.5. LES DÉCISIONS D'ENTREPRENDRE

Dans les quatre exemples présentés, la faisabilité des projets a été évaluée. Dans le cas du projet d'études à l'étranger de Marianne, les risques l'ont emporté, l'incertitude étant beaucoup trop grande. Une autre étudiante aurait peut-être réagi différemment. Quant à Claudine, elle ne voit aucun risque à son projet. D'autres auraient probablement préféré remettre ce projet à une date ultérieure. La petite équipe de recherche ne voit aucun inconvénient au projet. Elle doit cependant aborder la question des droits d'auteur avec les entreprises clientes. Pour les membres de l'exécutif de l'association, le projet de colloque ne semble comporter aucun risque important.

Toute leur vie, certaines personnes prennent des risques alors que d'autres sont plus prudentes. Le risque est souvent une question personnelle. Si le propriétaire-client, à l'étape de faisabilité, accepte les risques associés au projet, il est alors prêt à entreprendre l'étape dite de la planification.

4.6. LE RAPPORT

Le jalon « rapport » clôt l'étape de faisabilité. Il présente au propriétaire-client l'ensemble des composantes étudiées (technique, financière, économique, organisationnelle et autres) et tire des conclusions sur la pertinence de poursuivre et de réaliser ou non le projet. Le rapport peut également servir de canevas au mandat, lequel annonce le début d'une nouvelle étape, celle de la planification.

Les problèmes identifiés dans le rapport devraient engendrer des propositions et des tentatives de solutions. Le responsable de projet veillera à éviter les conclusions du type « il n'y a pas de solution », mais suggérera plutôt des voies réalistes.

Au contraire, si la faisabilité du projet est douteuse et que les risques semblent insurmontables, le responsable ne devrait pas hésiter à exprimer ses craintes et, si cela est nécessaire, à se retirer du projet. En revanche, si le projet semble prometteur, le responsable remplira sa fiche aide-mémoire et passera aux autres étapes du cycle de vie de la gestion de projet (voir annexe A.1).

5

LA PLANIFICATION DU PROJET

La planification consiste à réaliser un plan dans lequel on spécifie la manière dont doit être réalisé le projet. Une fois ce plan établi, le propriétaire-client franchit un autre jalon et décide de la mise en œuvre ou non du projet.

5.1. LE BUT

Certains spécialistes et praticiens estiment que les caractéristiques de nouveauté et d'unicité d'un projet rendent toute référence au passé impossible. Par conséquent, il est essentiel de déterminer « avant » comment pourrait se réaliser le projet pour en réduire l'incertitude. C'est donc l'incertitude afférente au projet qui exige une étape de planification. Genest et Nguyen (1995, p. 12) estiment ainsi que « les projets entrepris sans planification sont voués à l'échec ». En effet, comme le font valoir ces auteurs (*Ibid.*),

> [...] plus un projet comporte d'aléas, plus il importe d'en réduire le degré d'incertitude au moyen d'une planification rigoureuse : seule une planification rigoureuse et détaillée permettra en effet de déterminer les moyens à prendre pour réaliser les objectifs initiaux et de poser des balises pour mesurer leur atteinte.

La planification, qui peut être apparentée à un exercice d'anticipation, prend la forme d'un plan (d'action, d'exécution, etc.). Ce plan identifie, dans le détail, les tâches à réaliser, leur ordre d'exécution, les personnes qui les réalisent et leurs coûts. Cette planification et ce plan peuvent être succincts ou détaillés. Il est du devoir du propriétaire-client et du responsable de s'assurer qu'ils sont suffisants pour mener à bien le projet. Une fois complété, le plan permet au propriétaire-client de mettre en œuvre ou non le projet. Ainsi, *la planification consiste à identifier, le plus précisément possible, ce qui doit être fait afin que le projet soit réalisé conformément aux objectifs énoncés.*

Comme la faisabilité, l'étape de la planification compte différentes composantes. À l'instar de Genest et Nguyen (1995), nous estimons que l'étape de planification comprend quatre composantes :

- structurelle ;
- organisationnelle ;
- opérationnelle ;
- financière.

Ces différentes composantes permettent au propriétaire-client d'aborder tous les aspects du projet et d'en planifier l'exécution.

Ces composantes, qui ne sont pas exclusives, peuvent être abordées dans n'importe quel ordre. Toutefois, cet ordre devrait dépendre de la quantité d'information disponible ou, encore, si le responsable de projet travaille avec un logiciel spécialisé, de l'ordonnancement proposé ou imposé par le logiciel.

5.2. LA PLANIFICATION STRUCTURELLE

La composante dite de planification structurelle consiste à déterminer ce qui doit être fait pour réaliser le projet. En d'autres termes, le responsable de projet doit identifier, et cela très précisément, au nom du propriétaire-client, les nombreuses tâches qui doivent être exécutées pour mener à la réalisation du projet[1]. Le responsable de projet doit, en somme, découper le projet en ses différentes tâches.

La planification structurelle doit être menée le plus rigoureusement possible. En effet, une tâche oubliée peut avoir des conséquences fâcheuses sur le projet. Elle peut, par exemple, retarder le projet et entraîner des coûts additionnels. La planification structurelle compte quatre volets :

- identifier les tâches ;
- déterminer l'ordre d'exécution des tâches ;
- décrire les tâches ;
- regrouper les tâches en groupes de tâches.

Dans un premier temps, le responsable doit faire la liste des tâches à exécuter pour réaliser le projet. Comme le rappellent Bruce et Langdon (2001, p. 24), « Partager le projet en petites parties, c'est-à-dire en activités, permet de déceler plus facilement les éventuelles redondances. » Évidemment, il peut être difficile de déterminer si un simple geste est une tâche ou non. À cet égard, le responsable, qui a toute la liberté voulue, doit se concentrer sur les tâches qui aboutissent à un extrant précis.

Ainsi, dans un rappel téléphonique aux journalistes, destiné à faire valoir une nouvelle, la confection d'une liste de presse et sa distribution aux collègues relationnistes sont bien des tâches associées

---

1. Nous ferons dorénavant une distinction entre le « responsable de projet » et le « propriétaire-client du projet ». Le premier réalise le projet au nom du second, qui en prend tous les risques. Il n'est pas exclu, évidemment, que le responsable et le propriétaire-client soient parfois une seule et même personne.

directement au projet « rappel téléphonique ». Nous ne pouvons en dire autant de l'impression et de la copie de cette liste qui sont des sous-tâches des tâches principales, confection et distribution d'une liste de presse, réalisées pour le projet « rappel téléphonique ». Bien sûr, le responsable de projet peut en décider autrement et identifier « impression » et « copie » comme des tâches. À cet égard toutefois, il doit prendre garde d'éviter de multiplier les tâches à l'infini et, surtout, d'identifier les plus futiles.

Puis, le responsable de projet identifie l'ordre dans lequel les différentes tâches doivent être réalisées. On parle alors de « séquence d'exécution » ou d'« ordre séquentiel ». Ainsi, l'exécution de la tâche A doit précéder ou donner naissance à la tâche B, la tâche B à la tâche C, et ainsi de suite.

FIGURE 5.1
La séquence d'exécution

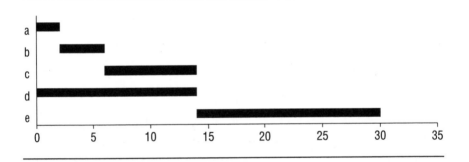

Il ne s'agit pas de « chronologie », puisque ce terme renvoie à un ordre d'exécution des tâches « dans le temps », mais de séquence, soit une suite ordonnée de tâches. L'idée de séquence permet de réaliser deux tâches complètement distinctes (C et D) au même moment, lesquelles donnent naissance, éventuellement, à l'exécution de la tâche suivante, E.

Dans le projet « rappel téléphonique », la tâche « liste de presse », incluant ses sous-tâches, pourrait avoir la séquence suivante (figure 5.2) :

FIGURE 5.2

La séquence d'exécution de la tâche « liste de presse »

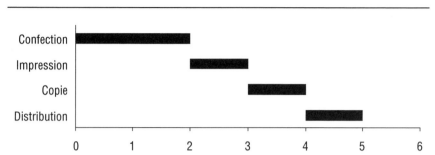

Ensuite, le responsable fait la description de chacune des tâches à exécuter de manière à éviter les redondances et les oublis. En effet, dans le feu de l'action ou dans des projets de très grande envergure, il est possible de répéter, par inadvertance, la même tâche ou de l'inscrire à nouveau sous un autre nom. La description de la tâche à exécuter assure le responsable que la tâche envisagée est bien la seule. Le cas échéant, il peut aussi être utile d'indiquer, lors de la description de la tâche, la finalité qui doit en résulter.

Enfin, le responsable de projet doit regrouper les différentes tâches en groupes de tâches[2]. Il distingue les activités de secrétariat, des activités de recherches, etc. Ces groupes de tâches peuvent être constitués par services, par compétences, etc.

Pour la réalisation d'un sondage, par exemple, le responsable de projet pourrait vouloir constituer les groupes de tâches suivants : « Conception du questionnaire », « Entrevue », « Interprétation » et « Rapport ». Pour la production audiovisuelle, le responsable pourrait vouloir distinguer les groupes « création », « production », « réalisation », « distribution » et « exportation ». La création de services en ligne (de type Internet) ou hors ligne (accessibles sur un ordinateur et non sur le Web) peut aussi être subdivisée en six groupes, représentés dans un « organigramme des tâches ». Cet organigramme est distinct de l'organigramme de l'organisation, lequel indique le poste et le nom de la personne qui l'occupe. Il s'agit bien, en gestion de

---

2. Cette distinction peut évidemment être réalisée lors de l'identification des tâches.

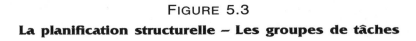

FIGURE 5.3

La planification structurelle – Les groupes de tâches

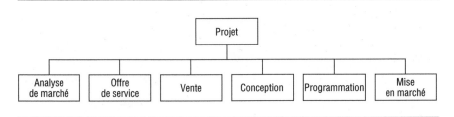

projet, de l'« organigramme des tâches ». Ainsi, l'organigramme des tâches indique une « tâche », la présidence par exemple, et non un titre, le « président » (figure 5.3).

Le groupe de tâches intitulé « analyse de marché » rassemble les activités qui, entre autres, identifient les besoins des consommateurs. Ce groupe de tâches pourrait être composé de personnes spécialisées en planification. Le groupe « offre de service » s'adonne au montage financier du produit ou du service que l'organisation souhaite offrir. La « vente », comme son nom l'indique, rassemble les activités reliées à la vente du produit ou du service. Le groupe de tâches « conception » est composé des activités afférentes, entre autres, à la signature et à la navigation du produit ou du service en ligne ou hors ligne. La programmation a, pour sa part, comme objectif d'adapter la conception aux contraintes techniques ou aux possibilités des supports de diffusion. Enfin, le groupe « mise en marché » dépend de spécialistes à la régie, à la mise en ondes, en boutiques, etc.

Ces groupes de tâches sont distincts et spécifiques, mais interdépendants. Spécifiques, en ce qu'ils traitent d'activités et de tâches distinctes, mais interdépendants, en ce qu'il ne peut exister de groupe « conception » sans groupe « offre de service », et ainsi de suite. Bien sûr, les tâches de l'un ou de l'autre de ces groupes pourraient être sous-traitées par l'organisation. Il n'en demeure pas moins que les groupes ont besoin de l'un et de l'autre pour exister.

Chacun de ces groupes peut, à son tour, être divisé en différents sous-groupes plus spécialisés encore, tous essentiels à la bonne marche du projet (figure 5.4).

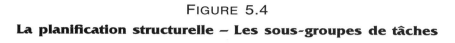

FIGURE 5.4

La planification structurelle – Les sous-groupes de tâches

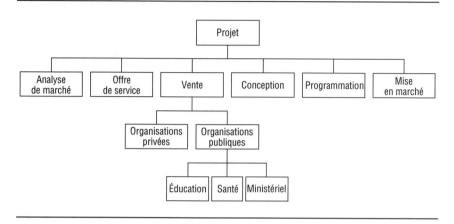

Chaque sous-groupe peut par la suite être divisé en autant de tâches que nécessaire. Le responsable de projet doit ainsi être en mesure de déterminer si sa description du projet, qui doit être la plus exhaustive possible, est suffisante.

Le responsable de projet utilise l'organigramme pour obtenir une présentation visuelle des tâches à effectuer. Ce type d'exercice peut paraître fastidieux. Il est pourtant essentiel si le responsable de projet veut savoir très exactement ce qui doit être fait. Oublier un groupe, une activité ou des tâches, peut être catastrophique lorsqu'il s'agit de réaliser un projet en regard d'objectifs déterminés.

La description des tâches, qui peut aussi être un exercice éprouvant, est également une composante essentielle de la planification structurelle. Sans description de tâche, le responsable peut se retrouver à rémunérer deux fois le même type de compétence ou, pire encore, faire exécuter le même travail par deux personnes différentes.

Le responsable peut également porter une attention particulière aux tâches qui, regroupées sous un groupe, peuvent desservir l'ensemble du projet. Ainsi, la tâche « secrétariat » peut desservir plusieurs groupes et non un seul. Le coût de la tâche « secrétariat » peut aussi être divisé ou réparti entre les groupes plutôt qu'assumé par un seul.

La planification structurelle est évidemment un exercice difficile. En effet, comme le soulignent Genest et Nguyen (1995, p. 192):

> L'élaboration d'une bonne planification structurelle n'est pas chose facile. Une première difficulté vient du fait que la planification structurelle est la première étape de la planification: c'est elle qui produit les données de base qui serviront à tous les autres aspects de la planification: elle est donc elle-même basée sur un minimum de données déjà disponibles. Une deuxième difficulté résulte du fait qu'on procède vers l'inconnu: on ne connaît pas bien à l'avance les travaux à exécuter: il faut faire preuve de beaucoup d'imagination et, plus le projet à planifier est unique et nouveau, moins on peut s'inspirer d'autres projets: on doit se baser sur ses compétences et sur sa créativité, tout en faisant preuve d'un réalisme implacable, puisqu'on prépare l'exécution du projet. Enfin, il n'y a pas de méthode rigoureuse pour réaliser la planification structurelle d'un projet: ce n'est pas un processus que l'on peut réaliser en suivant les étapes d'un algorithme, par exemple.

Enfin, comme nous le mentionnions, il faut éviter d'accumuler les détails. En effet, « si vous définissez trop de sous-tâches, vous risquez de vous noyer dans les détails et de vous concentrer sur les tâches plutôt que sur les résultats » (Davidson, 2201, p. 39). Il faut donc faire preuve de mesure.

5.3. LA PLANIFICATION ORGANISATIONNELLE

La composante dite de planification organisationnelle vise à identifier le nombre de personnes ou les ressources humaines nécessaires à la réalisation du projet. Elle fait suite à l'organigramme des tâches réalisé un peu plus tôt et s'en inspire. Elle doit permettre au responsable de projet de répartir le travail entre différents intervenants. La planification organisationnelle offre en outre au responsable de projet la possibilité d'envisager que la tâche A, par exemple, nécessite le travail de deux personnes, pendant trois semaines, à raison de sept ou huit heures par jour, alors que la tâche B, elle, exige le travail d'une personne, pendant une journée, à raison de quelques heures seulement.

La planification organisationnelle doit aussi permettre au responsable de projet de déterminer le type de compétences nécessaires à l'exécution des différentes tâches. Le responsable doit en effet s'assurer de la disponibilité du personnel requis pour effectuer correctement chaque tâche. Par exemple, le président d'un cabinet de relations publiques, dans la réalisation de différents projets, veillera à distinguer les compétences nécessaires à l'exécution des différentes tâches et s'assurera de disposer, par exemple, d'un rédacteur et d'un conseiller aux relations de presse. Certes, ces tâches peuvent être exécutées par la même personne. Si tel est le cas, tant mieux, car la polyvalence et la flexibilité sont des gages de succès. Toutefois, si les tâches de rédaction et de relations de presse sont réalisées au même moment ou si l'employé ne dispose pas des compétences nécessaires pour s'affairer aux deux tâches, le président devra prévoir l'exécution du travail par deux personnes différentes, aux compétences peut-être distinctes.

Le responsable de projet doit également s'assurer de la disponibilité des ressources humaines au moment désiré. Le responsable doit en effet être certain que les ressources envisagées, surtout si elles sont spécialisées, seront disponibles au moment de réaliser le projet.

Le responsable saisira également l'occasion de confier des rôles et des responsabilités accrues à certains employés. Il pourra, dès la planification organisationnelle, identifier les employés qui seront responsables d'assumer des tâches de gestion. Bruce et Langdon (2001, p. 41) suggèrent de constituer une équipe où le responsable de projet recrute et distribue les rôles et les tâches en fonction des personnalités de chacun. L'équipe doit notamment être formée de personnes qui assumeront des rôles de coordination, de créativité, de critique, de gestion, de représentation, etc.[3].

Omettre des ressources humaines, négliger de spécifier les compétences nécessaires, miser sur la trop grande flexibilité des employés, sont des paris risqués qui peuvent avoir des répercussions négatives sur la réalisation du projet. De tels paris peuvent engendrer des délais et des coûts additionnels au projet. Dans ces conditions, le responsable veillera à identifier les bonnes ressources, au bon endroit et au bon moment.

Le responsable de projet doit aussi prendre garde à bien considérer la spécificité des ressources humaines et veiller à la non-interchangeabilité qui en découle. Le responsable doit en outre préserver son personnel car l'ajout de nouveaux membres exige une période d'apprentissage qui peut retarder le projet.

---

3. Chris Argyris suggère aussi que les travailleurs se comportent selon ce qu'on attend d'eux. Voir *Personality and Organizations: The conflicts between system and the individual*, New York, Harper Collins, 1957.

La planification organisationnelle est, plus que toute autre étape du cycle de vie de la gestion de projet, influencée par la structure de l'organisation. Si le propriétaire-client a demandé à un cabinet indépendant et spécialisé de planifier le projet, la question a moins d'importance puisque c'est au responsable de projet de choisir et d'organiser son personnel.

Toutefois, si le projet est planifié et, éventuellement, réalisé chez le propriétaire-client, la structure de l'organisation influencera le choix des membres de l'équipe de gestion de projet et, partant, la planification organisationnelle. Ici encore, le responsable de projet devra s'assurer d'obtenir un mandat de sa haute direction de manière à éviter les ambiguïtés et les imbroglios.

Les spécialistes et les praticiens distinguent généralement quatre types de structure organisationnelle dans lesquelles se réalise un projet[4]. Ces structures organisationnelles sont dites :

- fonctionnelles ;
- commando ;
- matricielles ;
- par produit ou par projet.

5.3.1. LA STRUCTURE FONCTIONNELLE

Les organisations de type bureaucratique, comme les gouvernements, adoptent souvent la structure dite « fonctionnelle » pour gérer leurs différents projets. Ces structures exigent des employés qu'ils assument différentes tâches dans un seul et même poste de travail. Les employés peuvent, par exemple, vaquer à leurs occupations traditionnelles à raison de 50 % de leur temps de travail et assumer, pour le 50 % du temps qui leur reste, une autre tâche « projet », complètement différente de leurs activités quotidiennes (figure 5.5).

---

4.   Sur la structure des organisations, le lecteur voudra également consulter Henry Mintzberg, *Structure et dynamique des organisations*, Paris, Les Éditions d'organisations, 1982 et Gareth Morgan, *Images de l'organisation*, Québec, Les Presses de l'Université Laval, 2e édition, 1999.

FIGURE 5.5

La structure fonctionnelle

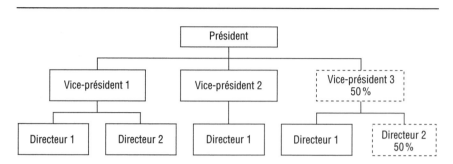

Évidemment, l'exécution d'une des tâches peut aisément empiéter sur l'autre, ce qui risque d'engendrer certains problèmes. Le superviseur doit donc s'assurer que les tâches sont bien réparties et que l'employé a le temps nécessaire pour compléter avec succès ses différentes tâches.

L'employé, par ailleurs, doit rappeler à son superviseur qu'il lui est impossible d'effectuer deux tâches à 100 %, dans un temps de travail de 100 % (ou de sept ou huit heures par jour), puisque l'ajout d'une tâche additionnelle requiert davantage de temps (200 % ou près de 16 heures de travail par jour).

Dans ce type de structure, l'employé peut être tenu de relever de l'autorité de deux superviseurs, l'un responsable des opérations courantes et l'autre du projet. Il peut ainsi avoir à gérer un conflit de priorités, lequel découle de la dualité du commandement. Henry Fayol (1918, p. 26) craignait d'ailleurs ces situations :

> Dans toutes les associations humaines, dans l'industrie, dans le commerce, dans l'armée, dans la famille, dans l'État, la dualité de commandement est une source perpétuelle de conflits, parfois très graves, qui sollicitent particulièrement l'attention des chefs à tous les niveaux.

La structure fonctionnelle rassure toutefois l'employé en lui permettant non seulement de demeurer à son poste, ce qui est une source importante de stabilité et de sécurité, mais d'entreprendre d'autres tâches, ce qui peut constituer un défi intéressant, brisant la routine.

5.3.2. La structure « commando »

La structure dite «commando», *ad hoc* ou encore *Task Force* est également très populaire dans les organisations pour gérer des projets. Il s'agit dans ce type de structure de recruter certains employés, souvent les plus performants de l'organisation, et de les regrouper dans une organisation parallèle de manière ponctuelle pour le temps de réalisation d'un projet (figure 5.6).

FIGURE 5.6
La structure « commando »

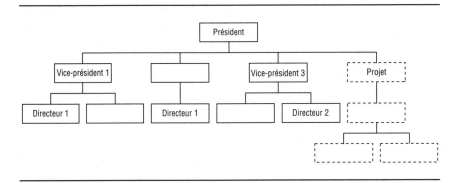

En effet, la structure commando permet aux employés de consacrer 100 % de leur énergie et de leur temps de travail à la tâche à effectuer, sans se soucier des opérations courantes liées à leur poste habituel. La structure commando assure également la cohésion du groupe car, pour un temps, les personnes qui composent le groupe poursuivent les mêmes objectifs, soit la réalisation du projet.

Le grand désavantage de la structure de type commando découle de son démantèlement, avec la fin du projet. En effet, bien que certains employés puissent être heureux de retourner à leur poste de travail, d'autres, au contraire, trouvent la chose difficile et déprimante. Le superviseur doit ainsi s'assurer de bien motiver ses collaborateurs. L'employé, lui, qui s'apprête à abandonner ses tâches routinières pour œuvrer au projet, doit s'assurer de pouvoir retrouver son poste à son retour.

5.3.3. LA STRUCTURE MATRICIELLE

La structure dite «matricielle» est très populaire dans les organisations qui évoluent dans des environnements turbulents, au sens systémique du terme, et qui exigent des transformations rapides. Dans ce type de structure organisationnelle, le projet relève, à la fois, de différents responsables, lesquels sont répartis sur deux axes. Au lieu de concevoir l'organisation comme une pyramide, qui limite les interactions horizontales, on la conçoit plutôt comme un carré où doit nécessairement prendre place une communication entre les responsables placés sur les axes horizontal et vertical. Le projet qui résulte de ce type de structure a fait l'objet de nombre de discussions et d'un apport considérable d'idées.

FIGURE 5.7

La structure matricielle

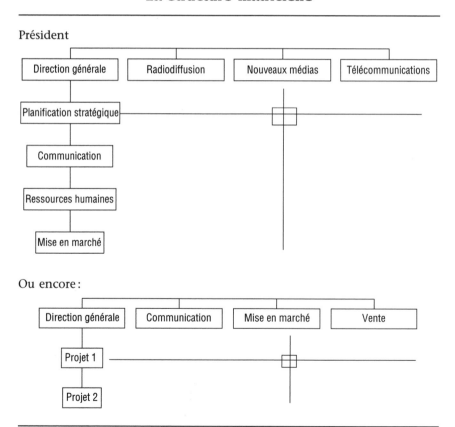

Le grand désavantage de cette structure est, à l'instar de la configuration fonctionnelle, la dualité du commandement, laquelle peut être affligeante pour les employés. La communication incessante entre les unités de travail peut également nuire à la prise de décision et retarder indûment la réalisation du projet. Cela étant dit, la popularité de cette structure d'organisation et la qualité des projets réalisés paraissent compenser pour ses inconvénients.

5.3.4. Les structures par « projet » et « produit »

Les structures par projet et par produit ressemblent, en différents points, à la structure dite commando, à la différence qu'elles sont permanentes. Chaque équipe est constituée pour mener à terme un projet (un barrage, par exemple) ou un produit (une voiture de luxe), lesquels sont constamment reproduits, même s'ils sont gérés comme des projets, avec un début et une fin. Chaque responsable de projet dispose de son équipe. Comme le note Amghar (2001, p. 42), « c'est une vraie entreprise à l'intérieur d'une entreprise ».

Si les équipes sont motivées par l'esprit de corps qui règne dans les structures par produit et par projet, ces mêmes équipes communiquent peu entre elles en raison de la spécificité du produit et du projet. Ainsi, l'équipe responsable du projet A communique peu d'information à l'équipe responsable du projet B, même si ces deux équipes font partie de la même organisation. La mémoire collective de l'organisation peut ainsi souffrir de ce type de structure[5].

FIGURE 5.8

Les structures par projet et par produit

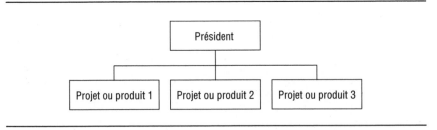

---

5.   Sur les inconvénients de cette structure, voir aussi Hazebroucq et Badot (1996, p. 110).

5.4.　LA PLANIFICATION OPÉRATIONNELLE

La composante dite de planification opérationnelle consiste à préparer le calendrier d'exécution des différentes tâches et à identifier, le cas échéant, les liens et les interdépendances entre chacune d'entre elles. La planification opérationnelle découle directement de la planification structurelle à laquelle le responsable s'est déjà attardé.

Le calendrier d'exécution doit indiquer très précisément au responsable de projet à quel moment chacune des tâches débute et prend fin de manière à réaliser le projet selon les objectifs. En outre, le calendrier d'exécution doit indiquer l'ordre dans lequel les tâches doivent être exécutées de manière à mettre en place ce jeu de dominos dont nous avons parlé précédemment.

FIGURE 5.9

La planification opérationnelle

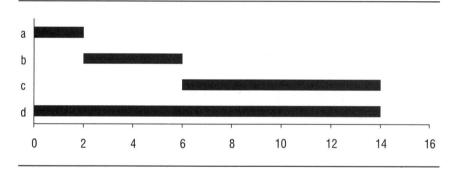

Dans l'illustration qui précède, réalisée avec le diagramme de Gantt, nous pouvons constater que la tâche A débute la première et que la tâche B lui succède. Il en va de même de la tâche C qui fait suite à la tâche B. Nous pouvons conclure que l'exécution des tâches A et B est nécessaire au démarrage de la tâche C. La tâche D débute au même moment que la tâche A et termine avec la tâche C.

Nous avons compris que les tâches A, B et C sont interdépendantes et qu'il est peu probable, voire impossible, que la tâche C débute avant que les tâches A et B soient complétées. L'illustration permet également de constater que la tâche B ne peut débuter que le deuxième jour du projet alors que la tâche C, elle, débute le sixième jour. La tâche D, par ailleurs, est indépendante en ce qu'elle ne précède aucune autre, ni ne lui succède. Elle est indépendante, mais nécessaire au projet. Certaines tâches peuvent ainsi être menées en parallèle alors que d'autres doivent être exécutées les unes à la suite des autres. En menant certaines tâches indépendamment d'autres, le responsable réduit le temps de travail nécessaire à la réalisation du projet.

L'exemple qui précède peut paraître bien simple. Toutefois, un projet qui comporte une centaine de tâches (ou un millier), lesquelles sont interdépendantes, peut s'avérer un exercice plus complexe. Le responsable peut alors se tourner vers différents moyens pour réduire les difficultés inhérentes à la planification opérationnelle. Il peut en outre considérer d'autres outils d'ordonnancement comme la Méthode du cheminement critique (*Critical Path Method*) (CPM), la Méthode PERT (Program Evaluation and Review Technique) et le diagramme en réseau[6].

Différents logiciels informatiques existent également pour réduire le fardeau de la planification opérationnelle. Ces logiciels vont du plus aisé au plus complexe. Dans ces conditions, le responsable doit veiller à acquérir le logiciel qui convient le mieux aux différents projets qu'il est susceptible de mettre en œuvre. De plus, l'apprentissage du logiciel ne doit pas être plus ardu que le projet lui-même. Si le projet ne comporte que quelques tâches, le responsable préférera peut-être procéder à la planification opérationnelle sans recourir à des logiciels spécialisés. Cela étant dit, l'achat de logiciels spécialisés peut s'avérer très utile lors de simulation en permettant au responsable de modifier avec facilité, par exemple, l'ordonnancement des tâches ou les budgets. Nous devons également noter que de la formation pourrait être nécessaire. Si tel est le cas, le responsable de projet doit, au moment de la planification, évaluer cette formation et ses implications budgétaires.

Enfin, comme tout le reste du projet, le calendrier peut être modifié. En effet, rappellent Genest et Nguyen (1995, p. 272):

> Le calendrier d'exécution préparé dans le cadre de la planification opérationnelle ne doit pas être considéré comme un document inaltérable, auquel, et auquel seulement, on devra toujours se référer par la suite: en général, l'échéancier n'est pas utilisable, tel qu'élaboré initialement, durant toute la phase de réalisation du projet. Au contraire, le calendrier initial devra être modifié plusieurs fois en cours de réalisation, tant pour les fins du contrôle de l'avancement [...] que pour s'adapter à des

---

6.   À cet égard, voir Bruce et Langdon, *op. cit.*, p. 33.

changements majeurs (notamment dans la nature des principaux extrants du projet) qui n'étaient pas prévisibles au moment où fut effectuée la planification opérationnelle initiale [...]. Le fait que ces modifications s'avéreront nécessaires en cours de réalisation ne remet aucunement en cause la nécessité de préparer rigoureusement un calendrier d'exécution initial détaillé. C'est tout le contraire, en fait : meilleure sera la préparation du calendrier d'exécution initial, plus il sera facile de le modifier lorsque les circonstances rendront cela nécessaire.

5.5. LA PLANIFICATION FINANCIÈRE

La planification financière constitue la dernière composante de l'étape. Elle succède aux planifications structurelle, organisationnelle et opérationnelle, et permet au responsable d'évaluer le coût de chaque tâche et, partant, du projet. Elle lui offre en outre l'occasion de répartir le budget, le cas échéant, entre les différents acteurs associés à la réalisation du projet.

L'étape de faisabilité, qui permet au propriétaire-client d'entreprendre ou non la planification du projet, permet de déterminer, en fonction de différents critères, la pertinence du projet envisagé. S'il est vrai que la faisabilité financière influence la décision du propriétaire-client d'aller ou non de l'avant, elle ne peut, en aucun cas, remplacer la planification financière qui, elle, est beaucoup plus détaillée.

En effet, la planification financière permet d'évaluer, le plus exactement possible, le coût total du projet en estimant toutes les dépenses qui y sont associées. Le responsable doit anticiper ces dépenses et prévoir les imprévus[7]. Pour ce faire, le responsable de projet veillera à disposer d'une marge de manœuvre financière de manière à couvrir les dépenses inattendues. La planification financière permet également au responsable de déterminer si le budget est ou non suffisant pour mener à bien le projet.

Comme la planification financière identifie les coûts afférents aux tâches comme au projet dans son ensemble (achat d'équipements, etc.), nous comprendrons qu'elle succède aux planifications structurelle (identification des tâches), organisationnelle (ressources humaines qui exécutent les tâches et outils, le cas échéant) et opérationnelle (temps dévolu à l'exécution de la tâche par les employés).

---

7. Le responsable de projet peut utiliser différentes méthodes pour s'adonner à cet exercice. À ce sujet, voir Alain Amghar, *op. cit.*, chapitre X.

De fait, nous ne pouvons avoir une bonne idée du coût du projet qu'en réalisant, d'abord, les autres composantes de la planification. La planification financière comporte quatre volets :

- les coûts directs ;
- les coûts indirects ;
- l'inflation ;
- les coûts additionnels.

Ces différents volets permettront au responsable de prendre en considération tous les coûts associés au projet. Ainsi, lorsqu'un automobiliste amène sa voiture au garage, le coût du service comprend bien d'autres choses que le seul salaire du mécanicien. Il peut notamment comprendre :

- le travail relatif à la prise de rendez-vous et le traitement de l'information ;
- le travail du préposé à l'accueil ;
- les outils et l'équipement nécessaires ;
- le travail du mécanicien ;
- la papeterie et les fournitures de bureau ;
- le chauffage ;
- l'électricité ;

- le téléphone ;
- le loyer ;
- l'entreposage ;
- l'entretien ;
- les assurances ;
- les vacances ;
- les congés de maladie ;
- l'assurance-chômage ;
- le fonds de pension ;
- les investissements ;
- etc.

Dans un projet, le responsable doit être en mesure d'identifier et d'anticiper les différents coûts associés directement ou indirectement au projet. Par exemple, la production d'une recherche exige aussi, fort probablement, un rapport et une présentation. Ne pas prendre garde à ce genre de détail risque d'entraîner des coûts additionnels, non prévus (figure 5.10).

Le travail de recherche a été accompli et le chercheur a convenu de remettre au client une version originale du rapport de même qu'une photocopie. Le client lui a également demandé de préparer une présentation (sur acétate) et de prévoir une copie de cette dernière. La réunion doit avoir lieu près des bureaux du consultant. Le

FIGURE 5.10

**Les coûts associés à la production
d'un rapport de recherche**

Rapport	Impression	Photocopie	Pochette	Acétate	Total
Coût	0,01 $ par feuille	0,05 $ par feuille	2,00 $	1,00 $ par feuille	
100 pages	1,00 $	5,00 $	2,00 $		8,00 $
20 pages	0,20 $	1,00 $	2,00 $	20,00 $	23,20 $
Total	1,20 $	6,00 $	4,00 $	20,00 $	31,20 $

consultant a évalué que l'impression, la photocopie, la pochette et les acétates lui coûteront 31,20 $. Cette somme n'est pas importante en soi. Pourtant, elle devrait être incluse dans les honoraires exigés.

En effet, si, par malheur, le client exige vingt copies du rapport, que le lieu de la présentation est déplacé de 200 kilomètres, il en coûtera encore plus cher à notre chercheur, qui préférera peut-être « absorber » ces nouvelles dépenses « imprévues » plutôt que d'en discuter avec le client. Un bon responsable de projet doit envisager et anticiper ce type de situation et prévoir des « marges de manœuvre », lesquelles doivent lui permettre d'apporter certains changements au projet sans nécessairement en affecter les coûts ou en référer au propriétaire-client.

5.5.1. LES COÛTS DIRECTS

Lors des planifications structurelle, organisationnelle et opération-nelle, le responsable a identifié les tâches, les ressources humaines nécessaires et la durée du temps de travail de chacune des tâches. Il est maintenant temps de déterminer le coût des différentes tâches et du projet.

5.5.1.1. Les ressources humaines

Les ressources humaines qui s'affairent à la réalisation du projet sont des données essentielles à la budgétisation des tâches. Elles consti-tuent, souvent, la plus grande partie des dépenses d'un projet. Dans la grande majorité des organisations, la journée de travail est d'approximativement sept ou huit heures, incluant deux pauses (en avant-midi et en après-midi) et un temps de repas.

La « durée d'une tâche » équivaut au temps requis pour effectuer cette tâche. La durée nécessaire pour réaliser la tâche peut varier, à condition, évidemment, que cela soit possible. On peut certes creuser une tranchée avec l'aide de deux personnes si, bien sûr, il y a suffisamment d'espace dans la tranchée pour les contenir.

Si la situation le permet, le responsable peut décider, en ajoutant les ressources humaines nécessaires, de réaliser la tâche plus rapidement que prévue. Inversement, il peut réduire le nombre d'employés pour retarder l'exécution de la tâche. Dans l'exemple qui suit, la tâche A, si elle est réalisée par une personne, est exécutée en trois jours (ou 24 heures). La même tâche, si elle est exécutée par deux personnes, dure 1,5 jour (12 heures × 2 personnes). Enfin, elle est de six jours si elle est réalisée par une personne à mi-temps (4 heures × 6 jours). Le responsable a la même dépense à effectuer, que la tâche soit réalisée en 1,5 ou 6 jours.

Si le responsable souhaite réaliser la tâche plus rapidement, il peut accorder davantage de ressources humaines, à certaines conditions et dans certaines situations, ou accroître le nombre d'heures travaillées. Cette dernière option peut toutefois engendrer des coûts additionnels en raison de l'obligation, dans certaines organisations, de défrayer le coût des heures supplémentaires.

Le « coût » d'une tâche équivaut au nombre de ressources humaines et autres dépenses requises pour exécuter la tâche. Par exemple, la tâche A exige le travail d'une personne alors que l'exécution de la tâche B demande deux personnes à temps plein pendant cinq jours[8].

Il est possible que l'un des collaborateurs soit appelé à participer au projet pendant vingt jours, mais qu'il y travaillera 30 minutes seulement par jour. Si tel est le cas, ce collègue est rémunéré à raison de dix heures travaillées (30 min. × 20 jours = 600 min. / 60 min. = 10 heures), à moins que des conditions particulières s'appliquent, par exemple un coût forfaitaire.

---

8.   Le nombre de ressources humaines nécessaires pour exécuter une tâche se calcule aussi en « personne-jour ». Sur ce concept, voir Genest et Nguyen, *op. cit.*, p. 300.

Le responsable de projet peut également vouloir faire des économies en confiant l'exécution de plusieurs tâches à la même personne afin d'éviter un transfert de connaissances. Il existe, par exemple, peu de raisons pour un chercheur de ne pas paginer lui-même son document. Demander à un collaborateur d'effectuer cette tâche exigerait des explications, bref un transfert de connaissances, inutile et coûteux.

L'évaluation des ressources humaines nécessaires pour exécuter une tâche pose des problèmes particuliers. Personne n'exécute un travail de la même façon, dans un même laps de temps. Ainsi, un bon rédacteur peut rédiger quatre pages par jour alors qu'un autre n'en fera que deux. Le responsable, qui doit déterminer à l'avance et le plus précisément possible le temps requis pour exécuter la tâche, doit donc formuler des hypothèses de productivité, procéder par analogies et miser sur la compétence et l'expérience de ses collaborateurs. Il doit également prévoir une marge de manœuvre de manière à contrer les imprévus.

Ainsi, un responsable, qui retient les services d'un rédacteur de discours écrivant normalement quatre pages par jour, peut prévoir une certaine fatigue chez ce rédacteur et conclure que, certains jours, ce même rédacteur pourrait réduire sa production à deux pages. Par conséquent, le responsable peut formuler, lors de la planification opérationnelle du projet, trois hypothèses de productivité, comme l'illustre la figure 5.11.

FIGURE 5.11

Le temps de travail

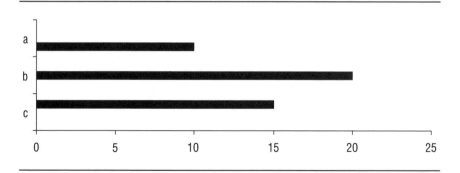

Dans l'hypothèse a, le rédacteur écrit quatre bonnes pages par jour, lesquelles exigent un minimum de révision. Dans cette hypothèse, le responsable croit, certainement à tort, que le rédacteur ne sera jamais absent, qu'il produira sans relâche huit heures par jour, et cela pour dix jours consécutifs. Cette hypothèse est très optimiste, voire irréaliste.

Dans l'hypothèse b, le responsable demande au même rédacteur d'écrire deux pages par jour, ce qui est bien en dessous de ses capacités. Cette hypothèse pessimiste a l'avantage d'offrir au responsable une excellente marge de manœuvre, mais retarde le travail et augmente le coût de la tâche.

Dans l'hypothèse c, le responsable accorde au rédacteur quinze jours pour réaliser la tâche. Cette hypothèse a l'avantage de conférer au responsable une marge de manœuvre sans augmenter indûment les coûts et le temps dévolus à la tâche.

Ces hypothèses de productivité en valent bien d'autres et pourraient être multipliées. Cela étant dit, le responsable a pris soin de formuler différentes hypothèses de productivité, de procéder par analogies et de miser sur la compétence et l'expérience du rédacteur. Si le rédacteur s'acquitte de ses tâches plus rapidement, les économies générées pourront éventuellement servir de « coussin » pour les coups durs non prévus au plan d'exécution ou, encore, être retournées au client.

Le responsable doit également considérer d'autres facteurs susceptibles d'accroître ou de retarder la productivité de ses collaborateurs. Dans un cabinet de relations publiques, par exemple, le conseiller affecté aux relations avec les médias est difficilement remplaçable, surtout si son réseau de connaissances est très vaste. Il en va de même du spécialiste des relations gouvernementales qui dispose d'une expertise, d'une expérience et d'un réseau important, lesquels ne peuvent être transférés à une autre ressource. Les ressources dites « spécialisées » sont difficilement interchangeables et le responsable de projet doit s'assurer, lors de la planification organisationnelle, que ces ressources spécialisées seront bien disponibles le moment venu. L'insertion d'un nouvel employé à une équipe est une autre difficulté que devra affronter le responsable. Un nouvel employé doit assimiler le contexte avant d'être entièrement efficace. En effet, comme le rappellent Genest et Nguyen (1995, p. 329), il est nécessaire de considérer :

[...] dans le cas des ressources qui se joignent à une équipe au cours de la réalisation d'un projet et non à son début, de l'endoctrination, c'est-à-dire du temps et des efforts requis pour se familiariser avec le projet en général et en particulier des résultats acquis lors de la partie qui en est déjà réalisée.

Outre le tarif horaire, le responsable de projet voudra certainement considérer les coûts additionnels qui sont associés au travail rémunéré (coûts salariaux, coefficient de charge, frais généraux, etc.) et déterminer le coût de revient de chaque personne qu'il embauche. Ces coûts additionnels sont décrits plus loin.

5.5.1.2. Les autres coûts

Le responsable doit également pouvoir imputer au projet les autres dépenses associées « directement » à la réalisation de la tâche. Dans l'exemple qui précède, le rédacteur et le responsable veilleront à identifier les dépenses qui pourraient être incluses dans le coût du projet (papier, frais de poste, appels téléphoniques, déplacements, etc.). Ces coûts peuvent être présentés séparément au propriétaire-client.

5.5.2. Les coûts indirects

Dans sa planification financière, le responsable de projet doit également envisager les autres frais qu'il sera nécessaire d'encourir pour exécuter les différentes tâches. Dans l'exemple qui précède, notre rédacteur a besoin, pour s'adonner à ses tâches d'écriture, d'un espace de travail, d'un ordinateur, d'un téléphone, etc. Il a aussi recours, fort probablement, au courriel, au courrier, à la télécopie, à la photocopie, etc., pour lesquels certains frais s'appliquent. Ce matériel, qui est nécessaire à l'exécution de la tâche, occasionne des dépenses additionnelles, mais exogènes ou indirectes à la tâche. Ces dépenses, en effet, peuvent être imputées à plusieurs tâches et non pas à une seule. Elles ne peuvent, en aucun cas, être directement associées au projet. Le responsable doit nécessairement estimer ces dépenses qui sont qualifiées d'« indirectes » et en imputer une partie, et une partie seulement, à la tâche et au projet[9].

---

9.   À ce sujet, voir Bruce et Langdon, *op. cit.*, p. 29.

Ainsi, une entreprise retient les services d'un conseiller pour organiser ses relations de presse. À titre de responsable du projet, on vous demande de préparer un estimé budgétaire. Dans votre estimé, vous devez nécessairement considérer différentes dépenses (voir figure 5.12).

FIGURE 5.12

Les coûts indirects

Coûts	Relations de presse
Coûts directs	
Ressources humaines (50 $ × 100 heures)	5 000 $
Coûts indirects (10 %)	500 $
Total	5 500 $

Dans l'exemple qui précède, le responsable doit d'abord évaluer le nombre d'heures que la ressource humaine consacre à la réalisation de la tâche. Le conseiller, dont le tarif horaire est de 50 $, consacre 100 heures aux relations de presse exigées par le client, pour un total de 5 000 $. Des frais indirects sont également imputés : l'usage d'un ordinateur, les espaces de bureaux, etc. Ces coûts sont affectés, en partie, au client sous forme de frais dits «indirects». Ces frais sont de 10 % et équivalent, dans notre exemple, à une somme de 500 $. Il faut également prendre note que ces coûts peuvent être inclus dans le tarif horaire de l'employé[10]. Pour réaliser ses tâches, le conseiller peut devoir faire d'autres dépenses (interurbain, déplacement en voiture, location d'une salle repas, photocopie, etc.) qu'il pourrait facturer directement au client.

Enfin, le responsable de projet devrait également examiner la possibilité d'utiliser, à nouveau, des investissements déjà consentis à d'autres projets de façon à générer des économies pour le projet en devenir et amortir une nouvelle fois l'investissement initial. Par exemple, un concepteur de site Web fait l'acquisition d'un logiciel

---

10. Ces coûts ne doivent pas être redondants à d'autres. Ils doivent être imputés une seule fois. Nous abordons ce sujet plus loin.

spécialisé pour créer un site. Ce même concepteur, pour un autre site Web, peut acquérir un nouveau logiciel ou, au contraire, utiliser celui qu'il a déjà pour réaliser des économies.

5.5.3. L'INFLATION

Le responsable, qui peut être appelé à réaliser un projet sur une ou plusieurs années, doit également considérer l'inflation. Le dollar 2003, qui vaut bien un dollar cette même année, en vaudra probablement moins en 2010, comme le démontre la figure 5.13.

FIGURE 5.13
L'inflation

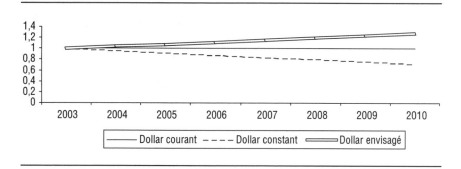

Dans l'exemple qui précède, le budget anticipé par le responsable en dollar courant indique une ligne droite. Toutefois, si nous acceptons que le coût de la vie augmente chaque année d'environ 4 %[11], nous noterons que, en dollar constant, la courbe est à la baisse. Ainsi, si un rédacteur exige 10 $ l'heure en 2003, il pourrait exiger, en 2004, 10,40 $, et ainsi de suite. Il en va de même de certains frais directs et indirects. À défaut d'évaluer l'inflation sur un projet à moyen ou long terme, le responsable risque de dépasser son budget, comme l'indique la courbe « dollar constant ». Il devra, dans ces conditions, prévoir une hausse de son budget chaque année, comme le montre la courbe « dollar envisagé », de manière à contenir les dépenses afférentes au projet.

---

11. Une donnée approximative.

Lorsque le responsable a complété les différents volets de la planification financière, il peut déterminer si le coût du projet est conforme ou supérieur au budget octroyé. Si le coût du projet est plus élevé que prévu, le responsable peut réduire les dépenses en les optimisant de manière à réaliser le projet au plus bas coût possible ou, encore, augmenter le budget avec l'autorisation, évidemment, du propriétaire-client.

5.5.4. LES COÛTS ADDITIONNELS

D'autres coûts peuvent s'ajouter au tarif horaire de l'employé (régime de retraite, avantages sociaux, assurance-maladie, assurance-chômage, vacances, etc.). Ces coûts dits «additionnels» font généralement partie des coûts dits «indirects» et leur imposition peut varier d'une organisation à une autre.

Le responsable de projet doit justifier la pertinence de certains de ces coûts, leur non-redondance et le pourcentage imputable au projet auprès des autorités compétentes de l'organisation. Dans l'exemple qui suit, nous avons évalué ces coûts additionnels à 20 %.

Comme toute entreprise privée, le responsable de projet dégagera également une marge de profit. Ces profits sont retournés à l'organisation, laquelle peut les réinvestir dans l'entreprise, les partager entre les actionnaires, etc. Dans l'exemple qui suit (figure 5.14), nous avons aussi évalué ces coûts additionnels à 20 %.

FIGURE 5.14
Les coûts additionnels

Taux horaire	50 $
Coûts indirects (20 %)	10 $
Coûts additionnels (20 %)	10 $
Profit (20 %)	10 $
Total	80 $

Les frais précités sont légitimes. Que ce soient les coûts de location de bureau ou d'autres frais, ces dépenses doivent être imputées, en tout ou en partie, au projet. Il en va de même du profit, un élément essentiel des économies de type capitaliste. Cela étant dit, et comme nous le mentionnions précédemment, le responsable doit s'assurer que ces frais sont raisonnables et qu'ils sont entérinés par les autorités compétentes de l'organisation. Il est également possible qu'une jeune entreprise veuille réduire au minimum ses frais de manière à être davantage concurrentielle sur le marché.

Le responsable de projet voudra peut-être également se constituer une réserve pour gérer les imprévus au projet. Cette réserve peut représenter l'ajout d'un pourcentage additionnel au projet. Un projet de 100 000 $, par exemple, pourrait être budgété de la manière suivante (figure 5.15).

FIGURE 5.15
Les marges de manœuvre

Budget convenu avec le client	100 000 $
Profit de l'entreprise (10 %)	10 000 $
Frais indirects et autres (10 %)	10 000 $
Réserve (10 %)	10 000 $
Frais directs	70 000 $
Budget du projet	70 000 $

Le responsable doit, certes, comprimer les dépenses, mais il bénéficie maintenant d'une marge de manœuvre de 10 000 $ pour gérer les imprévus.

Dans cette foulée, le responsable peut décider de centraliser ou de décentraliser le budget. S'il retient la première de ces options, il assumera seul la responsabilité des entrées et des sorties d'argent. Si, au contraire, il privilégie la décentralisation des budgets, il confie à chacun des responsables des groupes de tâches la gestion des budgets afférents. Ainsi, dans l'exemple qui précède, le responsable conserve 10 000 $ et répartit la somme restante, soit 70 000 $, à ses responsables, lesquels, à leur tour, peuvent constituer leur propre marge de manœuvre.

5.6. LE PLAN

Les informations découlant des planifications structurelle, organisationnelle, opérationnelle et financière sont consignées dans un plan. Ce plan présente le projet dans ses moindres détails. Il est, en quelque sorte, la recette à suivre pour réaliser le projet.

Le responsable a déjà, probablement, veillé à optimiser le plan d'exécution de manière à réaliser le projet le plus efficacement possible, tout en respectant les déterminants de délais, de budget et de qualité.

Toutefois, ce plan n'est pas immuable. Il devra en effet être modifié de manière à rendre compte des développements les plus récents. Il doit constamment être adapté au contexte de réalisation du projet. En somme, comme le notent Genest et Nguyen (1995, p. 185), « on pourrait affirmer que le plan d'exécution issu de l'activité initiale de planification commence à être caduc dès que sèche l'encre avec laquelle il a été imprimé ».

Le responsable, muni du plan de travail, peut maintenant débuter la réalisation du projet, à condition, évidemment, que le propriétaire-client franchisse le jalon « mise en œuvre ».

5.7.   EXEMPLE

Comme nous le savons, Mario, Suzanne, Tammy, Dereck et Pierre ont discuté de la faisabilité de réaliser, à la demande de trois importantes entreprises du domaine des télécommunications, une recherche portant sur les tenants et les aboutissants du commerce électronique.

L'équipe a convenu de la faisabilité de réaliser, en huit mois, avec un budget de 100 000 $, une recherche portant sur le commerce électronique au Québec, au Canada, aux États-Unis, en France et au Royaume-Uni. Après discussions, les entreprises clientes ont également accepté de diffuser les résultats de la recherche en permettant la publication d'un livre et la tenue de différentes conférences.

Mario et les entreprises clientes ont indiqué, par écrit, dans une entente légale, les dates de début et de fin des travaux, le budget alloué et la nécessité de contribuer à l'avancement des connaissances dans le domaine du commerce électronique. Les entreprises clientes ont également indiqué, par écrit, leur désir d'obtenir, chacune, dix copies du livre et la tenue de cinq présentations « personnalisées ». Les entreprises ont également exigé, par écrit, d'être les premières informées des résultats de la recherche.

Mario, à titre de responsable, doit maintenant travailler à la planification du projet. Le plan qui en résultera devra être soumis aux collègues et, évidemment, aux clients qui détermineront, en dernier ressort, la suite des événements[12].

---

12.   Cette étape pourrait ne pas être nécessaire si les clients et le responsable de projet l'estiment ainsi.

Lors de la planification structurelle, Mario estime que la recherche pourrait comporter trente-quatre tâches. Il dresse la liste de ces tâches et détermine, simultanément, leur ordre d'exécution :

1. gestion
2. question et hypothèse de recherche
3. revue de la littérature nationale
4. revue de la littérature internationale
5. ébauche n° 1
6. approbation
7. ébauche n° 2
8. approbation
9. édition de l'ébauche approuvée
10. approbation
11. organisation des groupes témoins
12. conception du questionnaire
13. conception du site Web
14. groupe témoin 1
15. groupe témoin 2
16. groupe témoin 3
17. groupe témoin 4
18. groupe témoin 5
19. questionnaire en ligne
20. interprétation
21. ébauche n° 3
22. approbation
23. ébauche n° 4
24. approbation de l'ébauche finale
25. présentation au client
26. publication
27. diffusion
28. organisation des présentations
29. conception de la présentation
30. présentation 1
31. présentation 2
32. présentation 3
33. présentation 4
34. évaluation du projet

Par la suite, Mario fait la description de chacune des tâches. Si certaines sont rapidement définies, d'autres, par contre, posent plus de difficultés. Les tâches 26 et 27, par exemple, qui portent sur la publication et la diffusion paraissent, à première vue, redondantes. En songeant à leur définition respective, Mario décide de définir la tâche « publication » par le travail afférent à la publication d'un livre. La tâche « diffusion », elle, porterait sur les activités « autres », comme les relations publiques, la publicité, etc.

La description des tâches terminée, Mario regroupe les tâches identifiées :

GESTION
1. gestion

PRODUCTION 1
2. question et hypothèse de recherche
3. revue de la littérature nationale
4. revue de la littérature internationale
5. ébauche n° 1
6. approbation
7. ébauche n° 2
8. approbation
9. édition de l'ébauche approuvée
10. approbation

RÉTROACTION
11. organisation des groupes
    témoins
12. conception du questionnaire
13. conception du site Web
14. groupe témoin 1
15. groupe témoin 2
16. groupe témoin 3
17. groupe témoin 4
18. groupe témoin 5
19. questionnaire en ligne

PRODUCTION 2
20. interprétation
21. ébauche n° 3
22. approbation
23. ébauche n° 4
24. approbation de l'ébauche finale

DIFFUSION
25. présentation au client
26. publication
27. diffusion
28. organisation des présentations
29. conception de la présentation
30. présentation 1
31. présentation 2
32. présentation 3
33. présentation 4

ÉVALUATION
34. évaluation du projet

Aucune des tâches envisagées ne se répète plus d'une fois et chacune est bien spécifique. Pour conclure la planification structurelle de son projet, Mario réalise l'organigramme des tâches, qu'il compte bien afficher dans la salle de réunions de l'équipe (figure 5.16).

Pour la planification organisationnelle, Mario croit que l'équipe souhaitera adopter une structure de type « commando ». Pour chaque tâche, Mario identifie aussi un titulaire :

1.	gestion	Mario
2.	intuition et problématique	Mario, Suzanne, Tammy, Dereck, Pierre
3.	revue de la littérature nationale	Suzanne, Tammy
4.	revue de la littérature internationale	Dereck, Pierre
5.	ébauche n° 1	Suzanne, Dereck
6.	approbation	Mario
7.	ébauche n° 2	Suzanne, Dereck
8.	approbation	Mario
9.	édition de l'ébauche approuvée	Suzanne
10.	approbation	Mario
11.	organisation des groupes témoins	Pierre,Tammy, Dereck
12.	conception du questionnaire	Tammy, Dereck, Pierre
13.	conception du site Web	Suzanne
14.	groupe témoin 1	Suzanne, Tammy
15.	groupe témoin 2	Suzanne, Tammy
16.	groupe témoin 3	Suzanne, Tammy
17.	groupe témoin 4	Suzanne, Tammy
18.	groupe témoin 5	Suzanne, Tammy
19.	questionnaire en ligne	Dereck, Pierre
20.	interprétation	Mario, Suzanne, Tammy, Dereck, Pierre
21.	ébauche n° 3	Suzanne, Dereck
22.	approbation	Mario

FIGURE 5.16
L'organigramme des tâches

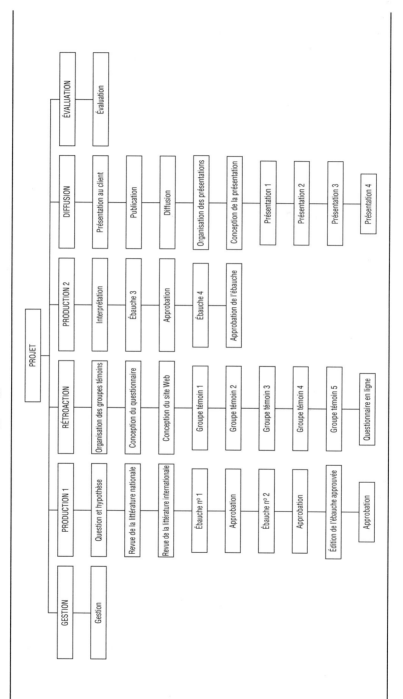

23. ébauche nº 4   Suzanne, Dereck
24. approbation de l'ébauche finale   Mario
25. présentation au client   Mario, Suzanne
26. publication   Mario, Bruno
27. diffusion   Francine, Léa
28. organisation des présentations   Tammy, Dereck, Pierre
29. conception de la présentation   Hugo
30. présentation 1   Suzanne
31. présentation 2   Suzanne
32. présentation 3   Suzanne
33. présentation 4   Suzanne
34. évaluation du projet   Mario, Suzanne, Sylvain

Pour la planification opérationnelle, qui consiste à réaliser le calendrier des activités, Mario estime le temps nécessaire à la réalisation de chaque tâche :

TÂCHE	DURÉE DE LA TÂCHE EN JOURS	TÂCHE	DURÉE DE LA TÂCHE EN JOURS
1. gestion	5	16. groupe témoin 3	1
2. intuition et problématique	15	17. groupe témoin 4	1
3. revue de la littérature nationale	15	18. groupe témoin 5	1
4. revue de la littérature internationale	15	19. questionnaire en ligne	5
5. ébauche nº 1	10	20. interprétation	5
6. approbation	5	21. ébauche nº 3	10
7. ébauche nº 2	5	22. approbation	1
8. approbation	1	23. ébauche nº 4	5
9. édition de l'ébauche approuvée	10	24. approbation de l'ébauche finale	1
10. approbation	1	25. publication	5
11. organisation des groupes témoins	3	26. présentation au client	1
12. conception du questionnaire	15	27. diffusion	2
13. conception du site Web	10	28. organisation des présentations	5
14. groupe témoin 1	1	29. conception de la présentation	2
15. groupe témoin 2	1	30. présentation 1	1
		31. présentation 2	1
		32. présentation 3	1
		33. présentation 4	1
		34. évaluation du projet	5

Mario s'adonne ensuite à réaliser un diagramme de Gantt pour considérer l'ensemble des travaux (figure 5.17).

FIGURE 5.17
Le diagramme de Gantt

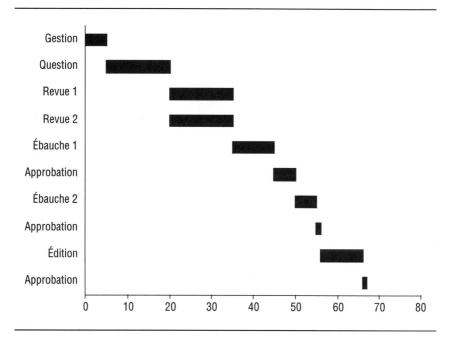

Selon le diagramme réalisé (non complété dans notre exemple), les travaux afférents à la recherche débuteraient le lundi 29 mars 2004 et se termineraient le lundi 4 septembre (de 6 à 7 mois). Mario a notamment pris soin de planifier une période de vacances au mois d'août (deux semaines). Il a également considéré les week-ends et les journées fériées.

Pour la planification financière, Mario considère les salaires suivants:

Chercheur 1	8,65 $
Chercheur 2	12,34 $
Chercheur 4	14,60 $
Responsable	25,00 $

Comme employeur, Mario doit verser une somme additionnelle pour les vacances (6%) et une autre de 13% pour défrayer la part de l'employeur aux différents régimes obligatoires comme l'assurance-emploi, la régie des rentes, l'assurance-maladie, santé-sécurité, etc. (avantages sociaux). Ainsi, les montants versés seront les suivants:

Chercheur 1

$$8,65 \text{ \$} + 0,52 \text{ \$} \; (6\%) = \; 9,17 \text{ \$} + 1,19 \text{ \$} \; (13\%) = 10,36 \text{ \$}$$

Chercheur 2

$$12,34 \text{ \$} + 0,74 \text{ \$} \; (6\%) = 13,08 \text{ \$} + 1,70 \text{ \$} \; (13\%) = 14,78 \text{ \$}$$

Chercheur 4

$$14,60 \text{ \$} + 0,88 \text{ \$} \; (6\%) = 15,48 \text{ \$} + 2,01 \text{ \$} \; (13\%) = 17,49 \text{ \$}$$

Responsable   25,00 \$[13]

Mario note que l'employé recevra son salaire et le montant versé pour les vacances. Le pourcentage additionnel est, bien évidemment, réservé au paiement des différents avantages sociaux.

Ainsi, Mario estime que chaque employé pourrait recevoir, pour l'accomplissement de ses tâches, les montants suivants :

Mario	25,00 \$/h	× 360 h	9 000,00 \$
Suzanne	17,49 \$/h	× 840 h	14 691,60 \$
Tammy	14,78 \$/h	× 384 h	5 675,52 \$
Dereck	14,78 \$/h	× 624 h	9 222,72 \$
Pierre	14,78 \$/h	× 440 h	6 503,20 \$
Bruno	17,49 \$/h	× 40 h	699,60 \$
Francine	17,49 \$/h	× 16 h	279,84 \$
Léa	14,78 \$/h	× 16 h	236,48 \$
Hugo	14,78 \$/h	× 16 h	236,48 \$
Sylvain	17,49 \$/h	× 40 h	699,60 \$

Ce faisant, Mario évalue le coût total des ressources humaines à 47 245,04 \$.

Heureusement, les membres de l'équipe disposent tous d'ordinateurs performants et l'université est en mesure de prêter les salles de réunions, lorsque cela est nécessaire. Toutefois, Mario croit essentiel de prévoir d'autres dépenses :

gestion (fourniture, interurbain, déplacements, frais généraux, etc.)	5 000,00 \$
organisation des groupes témoins	1 000,00 \$
conception du site Web	2 000,00 \$
groupe témoin 1 (rémunération, repas, etc.)	1 000,00 \$
groupe témoin 2	1 000,00 \$
groupe témoin 3	1 000,00 \$
groupe témoin 4	1 000,00 \$
groupe témoin 5	1 000,00 \$
questionnaire en ligne	3 000,00 \$
publication	2 000,00 \$
diffusion	2 000,00 \$

---

13. Les sommes additionnelles ne s'appliquent pas pour le responsable car l'argent est versé dans un fonds de recherche que le professeur peut utiliser pour certaines activités et à certaines conditions.

présentation 1	1 000,00 $
présentation 2	1 000,00 $
présentation 3	1 000,00 $
présentation 4 (à l'extérieur du pays)	5 000,00 $

Mario estime ces dépenses à 28 000 $.

Mario résume la planification budgétaire du projet en ces termes :

Commandite	100 000,00 $
Dépenses	
Ressources humaines	47 245,04 $
Autres	28 000,00 $
Total	75 245 04 $
Reste	24 754,96 $

Avec l'argent en trop, Mario pourrait bien accroître les activités afférentes à la mise en marché de la recherche. Bruno, Francine, Hugo et Léa pourraient bien voir leurs tâches respectives multipliées. Mario pourrait également ajouter une présentation additionnelle.

Après cette première ébauche, Mario examine à nouveau ses estimations et recommence, pour une seconde fois, la planification du projet. Lorsqu'il sera entièrement satisfait de la planification du projet, il pourra remplir son aide-mémoire (voir annexe A.1).

6

LA RÉALISATION DU PROJET

L'étape de la réalisation succède à la décision du propriétaire-client de mettre en œuvre le projet et précède sa production. La réalisation est l'étape pratique du projet, celle qui s'effectue sur le « terrain ». Elle fait aussi appel à l'ensemble des intervenants. L'étape de la réalisation termine avec le jalon « fin » du projet.

L'étape de réalisation consiste à appliquer le plan et à en assurer l'exécution. L'étape de réalisation exige à la fois du responsable de projet des capacités de conceptualisation et de direction. Alors que les étapes de faisabilité et de planification du projet lui demandent des efforts d'anticipation et d'imagination, la réalisation, elle, nécessite des qualités de direction.

En effet, durant cette étape, le responsable doit gérer le travail de ses collaborateurs, interagir avec les différentes personnes associées directement ou indirectement au projet, travailler avec des actionnaires comme avec des travailleurs spécialisés, traiter et négocier avec différents publics et groupes d'intérêt, etc. Le leadership est une qualité nécessaire du responsable ; son absence peut affecter très négativement la réalisation d'un projet. Ainsi, le responsable de projet avisé voudra très certainement consulter différents ouvrages sur l'administration du personnel et les relations humaines et poursuivre sa quête d'informations bien au-delà des simples traités portant sur la gestion de projet. Il souhaitera également considérer différents documents portant sur les organisations de manière à éviter de commettre des impairs pouvant mettre en danger la réalisation du projet. À l'évidence, un projet universitaire ne peut être géré de la même manière qu'un projet de haute technologie. Il est dès lors essentiel de disposer d'un minimum de connaissances de gestion lors de la réalisation du projet.

Enfin, un bon « planificateur » n'est pas nécessairement un bon « réalisateur », et vice-versa ; nous faisons souvent l'erreur de confier les deux tâches à la même personne. Or, le planificateur peut préférer travailler en retrait, alors que le réalisateur peut aimer l'expérience du terrain. Comme le rappelle Solange Cormier (1999, p. 23), nous confions souvent des tâches de gestion à des personnes reconnues pour leurs compétences professionnelles ou techniques, et non pour leurs qualités de gestionnaire :

> De ce fait se retrouvent aux postes de gestion d'excellents ingénieurs, mécaniciennes, médecins, infirmières, comptables, enseignants, informaticiennes, etc. Bien sûr, sont choisis des individus qui semblent faire preuve de leadership et d'autonomie, qui sont capables de s'affirmer et qui manifestent une certaine confiance en soi. Toutefois, ce leadership est souvent

étroitement associé à leur compétence spécifique, C'est ainsi que, du jour au lendemain, riches d'une expertise dans un domaine donné, ces spécialistes se retrouvent à la tête d'un groupe de personnes qu'ils doivent diriger, animer, coordonner, superviser, écouter, encourager et stimuler...

Les intervenants associés au projet ne devraient donc pas être surpris de constater que deux personnes différentes peuvent travailler à la planification et à la réalisation du projet. Giard (1991, p. 10) note d'ailleurs à ce sujet que l'Association française des ingénieurs et des techniciens d'estimation et de planification (AFITEP) distingue, dans la gestion ou le « management » de projet, deux fonctions : la « direction » du projet et la « gestion » de projet. La première est assumée par un chef de projet, alors que la seconde est de la responsabilité du contrôleur du projet. Le chef veille notamment à la planification du projet alors que le contrôleur en assume, surtout, la réalisation.

6.1.   LES PREMIÈRES RENCONTRES

Lorsque le responsable travaille à la planification du projet, il doit consulter différentes personnes pour s'assurer de l'exactitude de ses données et de ses hypothèses de travail.

Après la décision du propriétaire-client de mettre en œuvre le projet, le responsable rejoint à nouveau ses collaborateurs, ou du moins certains d'entre eux. Si les consultations ont eu lieu il y a quelques jours, les collaborateurs ont encore le projet à l'esprit. Par contre, si de nombreux mois se sont écoulés, le responsable a avantage à les réunir et à présenter de nouveau le projet et, cette fois, dans les moindres détails, de manière à ce que tous et chacun en aient une vision d'ensemble.

Lors de la première réunion, le responsable expose les objectifs et les contraintes et présente le plan d'exécution du projet, dont une copie peut d'ailleurs être remise à chacun des participants. Le responsable informe également ses collaborateurs des modalités administratives et des protocoles de communication en vigueur. Cette première réunion doit lui permettre d'« inaugurer » le projet, de mettre en place ses premiers piliers et de motiver les membres de l'équipe.

Bruce et Langdon (2001, p. 12) qualifient ces premières rencontres de « lancement » du projet. Genest et Nguyen (1995, p. 376) associent le démarrage du projet, dans sa phase la plus initiale, à un *Project Start Up*. Comme le lancement d'un bateau, qui exige de nombreux préparatifs, un projet nécessite bien des arrangements. De fait, on ne lance pas une navette spatiale comme on démarre une automobile. La première rencontre de l'équipe peut être associée à cette idée de «lancement» ou de «*Project Start Up*». Elle doit permettre de préciser la nature du projet, d'expliciter les objectifs, de définir le contexte, etc. Cette première rencontre est d'autant plus facile si le personnel a l'habitude de travailler ensemble.

Cette première rencontre doit être organisée. Chacun des participants devrait avoir reçu, à l'avance, l'ordre du jour, la documentation nécessaire, etc., et bénéficier de suffisamment de temps de préparation pour participer activement aux discussions.

L'organisation matérielle de la réunion (salle, présentation, tableau, etc.) devrait être impeccable de manière à donner le ton à la gestion générale du projet. Le responsable veillera en outre à rappeler aux participants les lieu, date et endroit de la réunion, et cela à différentes reprises.

6.2.   LES FONCTIONS DE GESTION

Le responsable voudra certainement consulter des manuels spécialisés en gestion des ressources humaines avant de s'adonner à la réalisation du projet, surtout s'il œuvre sur la scène internationale. Il voudra également s'informer davantage sur la typologie et les structures de l'organisation.

Il importe également de savoir que la réalisation d'un projet engendre aussi sa propre dynamique. En effet, comme un projet s'accomplit dans un contexte d'incertitude, sa réalisation exige des ressources humaines de qualité, susceptibles d'œuvrer dans un environnement de travail ambigu, turbulent, voire difficile. Le niveau de stress que ressent l'intervenant peut découler directement de l'incertitude associée au projet. Dans ces conditions, les personnes travaillant au projet doivent disposer de qualités certaines et être en mesure de manœuvrer et d'évoluer dans des environnements de travail ambigus.

Toutefois, il ne faut pas exagérer ces capacités de résistance au stress car la gestion de projet est de plus en plus utilisée dans les organisations fabriquant ou offrant des produits ou des services en série. Cela étant dit, l'intervenant qui travaille à un projet ne devrait pas se surprendre s'il fait face à des situations plus stressantes que d'autres découlant, notamment, des déterminants du projet ou, encore, de l'ensemble des modalités du mandat.

Sur la scène internationale, comme le rappelle Guy Noël (1997, p. 221), le responsable de projet, tout comme son équipe, peuvent éprouver des difficultés d'adaptation dues au choc culturel :

> Les difficultés d'adaptation peuvent prendre des formes variées. Il arrive ainsi qu'un conseiller s'adapte, au moins en surface, mais que sa motivation profonde ne soit pas vraiment mobilisée pour la durée du projet. Cela se manifeste par une insatisfaction diffuse : le conseiller n'arrive pas à vraiment faire ce qu'il juge être un bon travail, ou bien il estime qu'il se fait mal comprendre de ses interlocuteurs, ou encore que le travail qu'on lui demande de faire ne correspond pas au meilleur de ses capacités et qu'en conséquence il se trouve mal employé et donc pas vraiment apprécié à sa juste valeur.

Comme le responsable est l'ultime garant du projet, au nom du propriétaire-client, que son action, et celles de ses collègues, sont guidées par des déterminants incontournables, il veillera à s'entourer d'excellents collaborateurs.

Dans la réalisation d'un projet, le responsable est appelé à exercer différentes fonctions qui sont aussi, très souvent, des qualités personnelles. Outre sa facilité d'adaptation et sa grande autonomie, des qualités indispensables, le responsable de projet doit aussi assurer diverses fonctions comme :

- Exercer du pouvoir
- Faire preuve de *leadership*
- Diriger
- Décider
- Déléguer
- Coordonner

- Motiver
- Contrôler
- Gérer les changements
- Régler les conflits
- Communiquer

Les fonctions précitées ne sont pas exclusives et le responsable devra probablement en acquérir bien d'autres pour réussir la réalisation du projet[1]. Ces fonctions, aussi, ne sont pas particulières et

---

1. Voir entre autres la liste proposée par Plunkett et Hale, *op. cit.*, p. 163.

spécifiques à la gestion de projet. De fait, nous les retrouvons dans la grande majorité des organisations où s'exercent des activités de gestion et de direction.

6.2.1. EXERCER DU POUVOIR

Le *Petit Robert* (1990, p. 1504) définit le pouvoir comme « Le fait de pouvoir, de disposer de moyens naturels ou occasionnels qui permettent une action ». Cette définition nous convient parfaitement, car sa simplicité évite les interprétations variées et nuancées des spécialistes qui sont certes très intéressantes mais qui, dans ce manuel, ont peu d'utilité[2].

Le pouvoir est accordé au responsable de projet par le propriétaire-client. S'il existe différents types de pouvoir (Weber, 1995), il découle aujourd'hui, dans la grande majorité des organisations occidentales, de l'autorité formelle, attribuée par la direction de l'organisation. Ce pouvoir formel est souvent qualifié de « rationnel », car il fait appel à l'usage de la raison, et de « légal », puisqu'il est octroyé par des autorités légales et légitimes (*Ibid.*). Le pouvoir, même rationnel et légal, peut prendre différentes formes. Il peut notamment être coercitif, économique, expert ou charismatique. Lors d'une réprimande, par exemple, le pouvoir exercé par le responsable est coercitif; le responsable pouvant aussi, s'il le désire et s'il est autorisé à agir de la sorte, congédier un collaborateur. Le pouvoir peut également être économique : le responsable peut alors accorder des augmentations de salaire ou encore des primes de performance. Le pouvoir peut aussi être celui de l'expert. À ce titre, le responsable de projet connaît bien le travail à accomplir et personne ne doute de ses capacités à effectuer le travail avec rigueur. Le pouvoir d'expert est généralement très respecté par les pairs. Enfin, le pouvoir peut aussi être charismatique. Le responsable de projet exerce ainsi une grande influence sur ses collaborateurs et les amène à entreprendre différentes initiatives avec enthousiasme.

Le pouvoir, comme nous venons rapidement de le constater, s'exerce de différentes manières et son exercice peut varier d'une organisation à une autre. Dans l'armée, par exemple, les soldats ont

---

2.   Toutefois, sur l'intéressant sujet du pouvoir, voir André Lafrance, *L'effet Cléopâtre*, Montréal, Éditions du Méridien, 2000, chap. 6. Voir également Robert A. Dahl, « The concept of power », *Behavioural Sciences*, no 2, 1957 et Michel Crozier et Erhard Friedberg, *L'acteur et le système*, Paris, Seuil, 1977.

intérêt à obéir rapidement, surtout s'ils sont au combat. L'organisation militaire et la situation de combat exigent l'exercice d'un pouvoir assurément démesuré dans d'autres types de situation ou d'organisation. Dans les organisations «civiles», le responsable de projet a probablement intérêt à privilégier une position médiane, entre les pôles autocratique et démocratique. Il doit en effet s'adapter au contexte du projet et bénéficier de l'appui de ses collaborateurs. Il doit, en outre, se rappeler que le pouvoir est davantage respecté lorsqu'il est démocratique et légitime, c'est-à-dire entériné par le plus grand nombre.

Si le responsable de projet a réellement du pouvoir, il se peut aussi que ce pouvoir ne soit pas reconnu par les membres de l'équipe, et cela pour différentes raisons. Dans de telles conditions, le responsable de projet a également intérêt à faire preuve de *leadership*.

6.2.2. FAIRE PREUVE DE *LEADERSHIP*

Si le responsable de projet n'a pas d'autorité ou de pouvoir formel, c'est-à-dire délégué par le propriétaire-client ou l'organisation, il devra miser sur ses capacités de *leader*.

Le *leadership* peut prendre différentes formes et a fait l'objet de plusieurs définitions. Nous considérons le *leadership* comme l'expression, chez le même individu, d'influence, d'expertise (reconnue par ses pairs) et de charisme. Le responsable de projet qui ne dispose pas d'autorité formelle peut exercer, en revanche, une certaine influence sur ses collaborateurs. Ainsi, si le pouvoir est la capacité d'affecter d'autres personnes, le *leadership*, pour sa part, se caractérise par la capacité d'influencer les autres dans le sens d'une réalisation qui apparaît volontaire.

Le *leader* a aussi, généralement, de grandes habiletés personnelles. Il sait notamment capter l'attention des gens, communiquer aisément, gagner la confiance d'autrui, etc. En sus des qualités précitées, le *leader* fait preuve de vision. Il sait analyser, anticiper et agir. En outre, le *leader* ne craint pas les risques et sait communiquer son enthousiasme à ses collègues.

6.2.3. DIRIGER

Tout comme bien d'autres choses, les styles de direction ont été influencés par l'évolution même de la société. Ainsi, dans les années 1900, les travailleurs étaient assujettis aux méthodes autoritaires

proposées par les tenants de l'organisation scientifique du travail[3].
Vers 1930, grâce aux travaux effectués par les chercheurs issus d'une
approche davantage humaine[4], la direction des organisations devient
plus participative et les employés sont invités à contribuer à certaines
décisions. Aujourd'hui, selon l'environnement de l'organisation, le
responsable de projet peut ainsi osciller entre deux différents types
de direction : autoritaire et participatif.

Le responsable autoritaire donne les ordres et prend les décisions. Au contraire, le responsable participatif privilégie la collaboration, le partage de l'information et l'implication de ses collaborateurs.

La recherche fait valoir que la productivité des travailleurs est
généralement accrue lorsqu'ils prennent part aux décisions. Ainsi, il
serait préférable, en termes de productivité, de bien traiter les
employés de manière à obtenir le maximum de rendement de leur
part. Dans ces conditions, le responsable de projet veillera à s'entourer de personnes qui ont besoin d'un minimum de supervision et qui
font preuve d'une grande autonomie. Il pourra alors privilégier un
style de direction participatif sans aucun problème.

Certaines organisations exigent aussi du responsable qu'il
adopte un style de direction participatif. Tel est le cas à l'université
et dans les organisations dites spécialisées (recherche fondamentale,
hôpital, etc.) où les qualifications du personnel assurent la cohésion
de l'organisation.

La direction autoritaire, pour sa part, prend souvent forme
dans les organisations qui offrent des produits ou des services nor-
malisés, lesquels ne nécessitent pas la participation des employés.
Dans une entreprise familiale, aussi, le fondateur a souvent tendance
à privilégier un style autoritaire et directif en raison du lien émotionnel
qui le lie à son « organisation ». Dans certaines circonstances aussi, la
direction autoritaire peut être nécessaire. En effet, comme le rappellent Bruce et Langdon (2001, p. 46), « si, pour vous, le succès d'un
projet est menacé d'une quelconque manière, il est temps de faire
preuve d'autorité ».

---

3. Taylor, Fayol, etc.
4. À ce sujet, voir notamment les « classiques » de George Elton Mayo, *The
    Human Problems of an Industrial Civilization*, NewYork, MacMillan Co., 1933,
    de Kurt Lewin, *A Dynamic Theory of Personality*, New York & London, McGraw-
    Hill, 1935, de Rensis Likert, *New Patterns in Management*, New York, McGraw-
    Hill, 1961, de D. McGregor, *The Human Side of Enterprise*, New York, McGraw-
    Hill, 1960 et de Chris Argyris, *Personality and Organizations : The conflicts
    between system and the individual*, New York, Harper Collins, 1957.

Enfin, des différences culturelles peuvent également influencer le style de direction. Comme le rappellent Bruce et Langdon (2001, p. 45),

> Les chefs de projet au Royaume-Uni ont l'habitude de créer un premier cercle réunissant les membres clés de l'équipe pour accélérer la prise de décision. Aux États-Unis, en revanche, on consulte fréquemment l'équipe dans son ensemble. Au Japon, les décisions sont prises par consensus, l'unanimité n'étant souvent atteinte qu'au prix d'un processus laborieux.

6.2.4. DÉCIDER

À l'instar des concepts de pouvoir, de leadership et de direction, la décision a donné lieu à nombre de définitions[5]. En gestion de projet, la décision découle généralement de considérations relatives aux objectifs et aux déterminants du projet. Bruce et Langon (2001, p. 50) suggèrent de réfléchir à ce que serait la « solution idéale » et de dresser la liste des critères les plus significatifs. Ils recommandent de comparer ces critères aux options envisagées. L'option qui répond au plus grand nombre de critères peut alors être retenue. Plunkett et Hale (1982, ch. 2) proposent d'autres cheminements décisionnels. Enfin, pour Herbet Simon (1976), la décision comporterait les étapes suivantes :

- l'analyse ;
- la conception d'options ;
- le choix.

L'analyse permet d'identifier les enjeux que confrontent l'organisation et les occasions qui se présentent. Il s'agit, pour le responsable, de décrire la situation dans laquelle la décision prend place. Cette analyse porte généralement sur ce qui caractérise la situation, les tendances, les obstacles et les occasions.

La conception d'options consiste à élaborer différentes solutions, toutes probables, mais qui comportent, toutes, des inconvénients et des avantages. La somme des inconvénients et des avantages détermine, en dernier lieu, le choix du décideur.

Le choix implique de décider en regard des inconvénients et des avantages appréhendés. Ces choix peuvent avoir des incidences importantes sur l'organisation comme sur la vie des individus. En ce sens, les options présentées doivent être bien évaluées de manière à éviter les impairs.

---

5. Voir Plunkett et Hale, *op. cit.*, chapitre 2.

Nous croyons utile d'ajouter que la prise de décision est complétée par des étapes d'«application» et d'«évaluation». L'«application» est l'étape où la décision est mise en œuvre et l'évaluation consiste à identifier et à analyser les incidences (positives ou négatives) qui découlent de la mise en application de la décision et à déterminer si les objectifs qui la président, ont été atteints.

Enfin, il importe de noter que les gens adhèrent plus facilement à la décision à laquelle ils ont participé.

6.2.5. DÉLÉGUER

En raison des caractéristiques propres au projet, c'est-à-dire la complexité, la multidisciplinarité, l'unicité, etc., un responsable doit être en mesure de déléguer. À défaut d'agir de la sorte, il sera rapidement submergé.

En outre, en ne déléguant aucune responsabilité ou autorité, le responsable de projet semble mettre en doute les capacités et les compétences de ses collaborateurs. Ce faisant, il nuit au moral de l'équipe et, partant, au projet lui-même.

6.2.6. COORDONNER

Si nous acceptons qu'un projet est composé de tâches interdépendantes et réalisé par de nombreuses personnes, nous conviendrons de l'importance de la coordination.

En effet, la coordination consiste à s'assurer que les intervenants ont les éléments nécessaires (information, matériel, etc.) pour s'acquitter de leur tâche selon le plan d'exécution.

La coordination se fait, entre autres, par une communication continue entre les différents intervenants. Cette communication peut prendre diverses formes (conversation, réunion, note de service, rencontre, etc.), et être formelle ou informelle. La coordination peut également utiliser la documentation écrite (rapport d'étape, etc.) qui permet de juger de la bonne marche des activités et de l'avancement des travaux.

Dans les réunions de coordination, le responsable du projet voudra privilégier les décisions claires de manière à éviter les ambiguïtés. Celles-ci peuvent en effet nuire au projet. Encore une fois cependant, le responsable et l'équipe doivent apprendre à vivre avec les ambiguïtés qui proviennent de l'environnement du projet et à gérer au mieux l'incertitude.

Pour réduire les aléas, le responsable veillera à bien organiser les rencontres et à bien présenter les enjeux de la réunion. Comme le font valoir Plunkett et Hale (1982, p. 165), une réunion de travail inefficace peut être dispendieuse pour une organisation. La figure 6.1 illustre ce que pourrait être le coût de quatre, puis de quarante rencontres par année.

FIGURE 6.1
Rencontre hebdomadaire de l'équipe

Durée	1 heure
Nombre de participants	10
Moyenne du salaire horaire	60 $
Une rencontre d'une heure	600 $
Quarante rencontres d'une heure	24 000 $

Dans ses réunions, le responsable instaurera aussi, comme le proposent Bruce et Langdon (2001, p. 59), de la discipline en rappelant à l'ordre, par exemple, les retardataires :

> Soyez sévère avec les retardataires. Précisez d'emblée que ce type de comportement est intolérable, en soulignant le fait que le retard d'une seule personne suffit à retarder tout le monde.

6.2.7. MOTIVER

Le responsable de projet doit aussi savoir motiver ses collaborateurs. Comme le soulignent Bruce et Langdon (2001, p. 10), « une équipe compétente et soudée est essentielle à la bonne marche d'un projet ». En ce sens, le responsable peut offrir une rémunération intéressante, des primes de rendement exceptionnelles, des congés, etc. Ces éléments de motivation, si intéressants soient-ils, ne peuvent cependant suffire.

En effet, le responsable de projet doit également aider ses collaborateurs à satisfaire certains de leurs besoins fondamentaux. La fameuse pyramide des besoins (1987) d'Abraham Maslow (1908-1970) offre quelques pistes de réflexion (figure 6.2).

FIGURE 6.2

La pyramide de Maslow

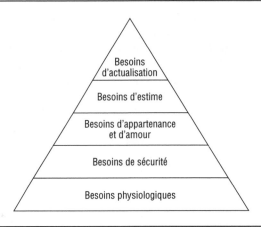

Les besoins physiologiques concernent les nécessités essentielles de l'être humain, telles que se nourrir, se loger, etc. Les besoins de sécurité ont trait à la protection nécessaire que tous recherchent. Les besoins d'appartenance et d'amour renvoient aux sentiments que nous partageons tous d'être reconnus par nos pairs, d'être appréciés, de partager des amitiés et d'être aimés. L'estime dépend de l'idée que les autres se font de nous. Nous estimons telle ou telle personne car nous la croyons en mesure de faire preuve d'empathie, de leadership, etc. Enfin, chaque être humain souhaite se dépasser, bref s'actualiser.

La théorie de Maslow prétend que les êtres humains souhaitent d'abord satisfaire les besoins les plus bas de la pyramide avant de combler ceux du niveau supérieur. Si les besoins les plus bas sont satisfaits, alors la personne cherchera à combler ceux du niveau supérieur et à s'actualiser[6].

Un responsable de projet ne peut, évidemment, satisfaire tous les types de besoins. Si les besoins physiologiques et de sécurité peuvent être en partie comblés par les salaires octroyés, les autres

---

6.   Voir aussi Frederick Herzberg, *Work and the Nature of Man*, New York, World Publishing Company, 1966 et Saul Gellerman, *Motivation and Productivity*, New York, A.M.A., 1963.

besoins, c'est-à-dire l'appartenance, l'amour, l'estime et l'actualisation sont beaucoup plus difficiles à percevoir et à combler. Toutefois, le responsable de projet peut faire preuve d'empathie envers ses collègues et créer les conditions favorisant la satisfaction de certains de ces besoins. Ainsi, dans sa gestion de projet, il s'assure d'une distribution adéquate des tâches, il diffuse l'information nécessaire et encourage la participation de ses collaborateurs. Il veille également à offrir un environnement de travail de qualité et favorise la création d'un esprit d'équipe en misant sur les capacités de chacun.

6.2.8. CONTRÔLER

Comme la réalisation d'un projet est tributaire du respect d'objectifs et de déterminants, le responsable doit, à certains moments, effectuer des contrôles afin d'évaluer le projet dans sa réalité, à un moment précis, et de comparer cette réalité à ce qui a été prévu dans le plan. Le contrôle varie en fréquence selon la complexité et l'envergure du projet.

Pour exercer son contrôle, le responsable se reporte au plan d'exécution qui stipule les conditions de réalisation du projet. Si l'un des déterminants de délais, de budget et de qualité n'est pas respecté, il doit alors corriger la situation.

Dans notre exemple, Catherine doit élaborer, à l'intention d'un client important, un plan de communication. Ce travail débute le 1er septembre et doit être présenté le 24 du même mois. Pour s'acquitter de sa tâche, Catherine a planifié 50 heures de travail.

FIGURE 6.3

Le contrôle

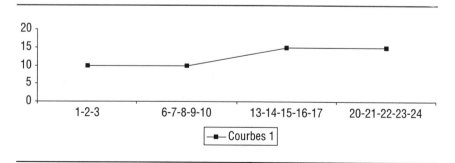

Catherine décide de faire le point sur ses activités et d'exercer des mesures de contrôle en se référant à son plan. En examinant sa planification opérationnelle initiale, Catherine note que la tâche qui devait être complétée le 1, 2 et 3 septembre, qu'elle évaluait alors à dix heures de travail, est complétée à 50 % seulement, malgré les dix heures de travail déjà effectuées. Pour la compléter à 100 %, la tâche nécessiterait dix heures de travail additionnelles.

FIGURE 6.4

Le contrôle (1)

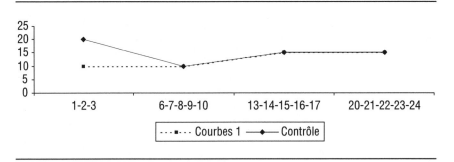

Si Catherine consacre dix heures additionnelles à cette première tâche, elle sait qu'il en coûtera aussi bien davantage à son employeur que ce qu'elle a prévu. Elle doit ainsi modifier sa planification budgétaire selon ces nouvelles données (et en discuter avec le patron!).

Pour être réaliste, et en fonction des contrôles qu'elle vient d'effectuer, Catherine décide de reporter les changements, dix heures additionnelles, à chaque tâche du projet (figure 6.5).

Le contrôle exercé par Catherine a permis de corriger le tir. Certes, les heures et le budget consacrés aux différentes tâches ont été doublés, mais Catherine peut au moins espérer respecter l'échéancier du client et, par-dessus tout, peut-être, conserver son emploi!

L'histoire de Catherine se termine bien. Il n'en va pas toujours ainsi. Le lecteur comprend assurément qu'un responsable de projet ne peut aussi aisément, sauf s'il a l'autorité ou les marges de manœuvre nécessaires, accroître aussi facilement le temps et le budget dévolus à un projet.

FIGURE 6.5

Le contrôle (2)

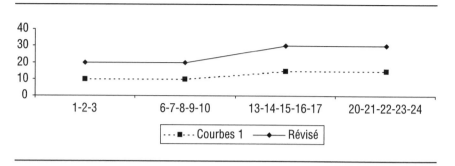

Il n'est pas toujours facile pour le responsable de projet d'exercer des mesures de contrôle sur le travail de ses collaborateurs. Les contrôles ont, dans l'esprit de plusieurs personnes, une connotation négative et constituent des gestes injustifiés qui restreignent la liberté des différents intervenants. De fait, personne n'aime travailler avec un patron qui scrute ses moindres faits et gestes. Cela étant dit, le contrôle fait partie de la gestion de projet et le défi consiste à l'exécuter avec rigueur et doigté, dans le respect de ses collaborateurs. En outre, rappellent Genest et Nguyen (1995, p. 490),

> Le chef de projet doit être encore plus vigilant au moment du contrôle de l'avancement qu'il ne l'était au moment de la planification opérationnelle. En effet, il semble que la tendance naturelle des exécutants soit de surestimer de façon systématique l'avancement de leur travail. Le chef de projet doit donc s'assurer, dans chaque cas, que la nouvelle estimation qu'on lui fournit sur le temps requis pour compléter une tâche est réaliste.

Le responsable de projet ne doit pas, non plus, oublier que le plan d'exécution est d'abord et avant tout un estimé qui repose sur des évaluations subjectives. Il est possible que le responsable ait fait preuve d'un optimisme exagéré en anticipant, par exemple, un rythme constant de travail, en oubliant certains jours fériés, etc. S'il est habile, il s'est doté d'une bonne marge de manœuvre, ce qui lui permet de corriger les lacunes identifiées. À défaut, il doit innover ou discuter de la situation avec ceux qui sont, en dernier lieu, les propriétaires-clients du projet.

Les contrôles et les correctifs s'effectuent généralement sur les déterminants de délais, de budget et de qualité. Pour respecter le calendrier d'exécution, le responsable évalue différentes options. Il peut ainsi revoir sa planification et tenter de gagner du temps ailleurs, dans l'exécution d'autres tâches, adopter d'autres méthodes de travail, affecter de nouvelles ressources à la tâche, faire exécuter des tâches en parallèle, revoir la composition du personnel, etc. Il doit en outre, dans la mesure du possible, s'assurer de récupérer les coûts de tels changements.

En termes budgétaires, le responsable s'assure de disposer d'un bon système comptable pour contrôler les entrées et les sorties d'argent. Les feuilles de temps où le personnel est tenu d'inscrire les heures accordées à l'exécution des tâches est une bonne manière de comptabiliser les entrées et les sorties d'argent. En procédant régulièrement à des contrôles, le responsable est en mesure de déterminer si le budget disponible correspond à celui qu'il a anticipé. Si tel n'est pas le cas, il peut corriger le tir de manière à éviter un écart trop important.

Enfin, pour la qualité, le responsable veille à la définir et à préciser des indicateurs chaque fois qu'il en a l'occasion. Ce déterminant est fort complexe dans le domaine des sciences humaines puisque, contrairement aux sciences dites exactes, le responsable ne dispose pas (ou peu) de critères « établis » lui permettant d'évaluer la qualité du projet. Dans le domaine des sciences humaines, ces critères découlent généralement du cadre théorique et de la méthodologie utilisés.

Dans un mémoire de maîtrise, par exemple, l'étudiant doit surtout démontrer, à la satisfaction de ses évaluateurs, qu'il possède et est en mesure d'appliquer avec rigueur, les différents éléments de méthode nécessaires à sa démonstration. Le respect de ce critère de qualité permet aux évaluateurs d'accorder la note de passage essentielle à l'obtention du diplôme. Dans une thèse de doctorat, l'étudiant a le défi de faire progresser les connaissances dans son domaine d'expertise en proposant de nouvelles avenues de recherche, inexplorées jusque-là. Par ailleurs, dans un sondage, le responsable de projet s'assurera que l'échantillonnage est représentatif et qu'il correspond à un critère reconnu par la grande majorité des chercheurs. En somme, le responsable de projet doit trouver le critère de qualité applicable et en « normaliser » l'application lors des travaux.

Pour certains projets, plus équivoques que d'autres, en termes de qualité, il importe d'identifier des indicateurs pertinents et, surtout, d'éviter les pièges de ladite qualité. En relations publiques, par exemple, le responsable de projet prendra bien garde d'entériner une entente qui stipule qu'il est nécessaire d'obtenir une couverture médiatique complète et positive pour démontrer la qualité du projet. D'autres nouvelles, plus importantes et non prévisibles, peuvent bien évidemment bousculer la stratégie médiatique. Le mot « positif » peut également donner lieu à nombre d'interprétations. Le responsable de projet fera toutefois, et cela plus d'une fois, les démarches nécessaires pour s'assurer que l'occasion est belle et que les médias ont bien été informés de l'événement dont il a la charge. Il en va de même en publicité où les récepteurs sont sollicités par d'autres messages qui ne peuvent pas tous être prévus par l'agence. Dans ces conditions, le responsable prendra bien soin d'appliquer les règles de l'art et de rencontrer le client à différentes reprises pour en discuter. Car, comme le mentionnent Genest et Nguyen (1995, p. 524),

> L'objectif ultime de qualité d'un projet, c'est que le promoteur soit satisfait de la qualité du produit qu'on lui remettra lorsque la réalisation du projet sera terminée : le mandataire fait habituellement de grands efforts pour satisfaire le promoteur.

> Mais si la perception qu'a le mandataire du niveau de qualité visé diffère sensiblement des attentes du promoteur, les risques que celui-ci soit déçu sont élevés, quels que soient les efforts déployés par le mandataire. Pour éviter une vive déception du promoteur à ce moment-là et toutes les complications qui s'ensuivraient dans les relations entre le promoteur et le mandataire, il est essentiel que la qualité visée soit définie et convenue au départ, c'est-à-dire au moment de l'octroi du mandat et ce, de façon explicite.

À cet égard, Beaudoin (1984, p. 220) suggère d'obtenir des différents intervenants concernés une rétroaction constante. Le responsable peut ainsi recourir à la « révision structurée […] au cours de laquelle le concepteur soumet à ses pairs les résultats de ses travaux ». Le responsable peut également utiliser le « processus d'approbation », lequel permet aux différents intervenants « d'approuver » les différentes composantes du projet (*Ibid.*, p. 221). Chambon et Pérouze (1996, p. 198) suggèrent aussi d'utiliser un tableau de bord d'indicateurs de la qualité, et cela dès le début du projet (figure 6.6).

Ces auteurs suggèrent aussi un autre tableau de bord pour accompagner la mise en place d'un projet pluriannuel de formation (*Ibid.*, p. 109) (figure 6.7).

FIGURE 6.6

Le tableau de bord de Chambon et Pérouze

Objectif	Indicateur	Source	Périodicité	Standard	Moyens	Responsable
Réduire les délais de règlement des prestations de 1 jour avant le 31/12	Nombre de jours entre la date de réception de la demande et la date de règlement	Tableau de bord des règlements	Mensuel	2 jours	Groupe de travail formé aux méthodes de la qualité 5 journées	Mme ...

FIGURE 6.7

Le tableau de bord de Chambon et Pérouze (2)

Facteurs de succès	Indicateur	Source	Valeur standard (norme)	Valeur actuelle	Analyse de l'écart	Analyse et action corrective
Adhésion et participation	Taux de participation	Planning de réalisation	60 %	20 %	Disponibilité non organisée	Action de sensibilisation auprès de la hiérarchie
Satisfaction des participants	Taux moyen de satisfaction	Synthèse des évaluations écrites	80 %	60 %	Inadaptation des modes pédagogiques	Réunion d'ajustement avec les formateurs

Le responsable de projet peut ainsi tenter d'identifier différents indicateurs et les données qui lui permettront, à lui comme au propriétaire-client, d'assurer la qualité du projet. Ces indicateurs (figure 6.8) peuvent permettre d'évaluer la qualité du projet.

FIGURE 6.8

Les indicateurs de qualité

Dans le secteur des ventes	• D'accroître les ventes (par comparaison au dernier mois) • D'accroître la part de marché (par comparaison au dernier mois) • De consolider les acquis (par comparaison aux changements en vue) • De se tailler une place (inexistante il y a peu de temps)
Dans le secteur public	• D'augmenter le nombre de dossiers traités (par comparaison au dernier mois) • De diminuer le nombre d'appels téléphoniques (par comparaison au dernier mois) • D'augmenter le nombre d'appels téléphoniques (par comparaison au dernier mois) • D'abaisser les coûts de production (par comparaison à l'année dernière) • D'abaisser les coûts de la transaction (par comparaison à l'année dernière) • De prévenir la guerre (en constatant la réduction des conflits armés) • D'augmenter les félicitations (par comparaison aux plaintes) • De diminuer le nombre de plaintes (par comparaison à l'année dernière)
Dans le domaine de la santé	• De réduire les temps d'attente (par comparaison au mois dernier) • D'accroître la qualité de vie (par rapport à la génération précédente) • D'accroître l'espérance de vie (par rapport à la génération précédente) • De réduire les maladies (par comparaison au siècle dernier) • De désengorger le système (par comparaison au mois dernier)
Dans le secteur privé	• De générer des gains de productivité (par comparaison au dernier mois) • D'abaisser les coûts de production (par comparaison au dernier mois) • D'abaisser les coûts de la transaction (par comparaison au dernier mois) • D'accroître la notoriété (par rapport à l'année dernière) • D'accroître l'influence (en constatant l'adoption de politiques favorables)

En terminant, il importe de rappeler qu'un problème de qualité peut réduire considérablement la valeur économique d'un projet. Trop souvent, en effet, on réduit la qualité du projet pour assurer le respect d'autres déterminants. Ces gestes constituent rarement une bonne affaire, comme le rappelle Carole Beaulieu de la revue *L'actualité* à l'égard de la tragédie de la navette spatiale *Columbia* :

> Ce que la catastrophe rappelle, c'est que le programme spatial états-unien n'échappe pas aux bagarres économico-bureaucratiques qui forcent parfois à des compromis sur la qualité ou les échéanciers. On sait aujourd'hui qu'en 1986 des ingénieurs avaient vainement tenté d'empêcher l'envol de la navette Challenger, alléguant que le froid allait fragiliser des joints déjà douteux. L'enquête montrera qu'un joint du propulseur droit a lâché, menant à l'explosion qui tua tout l'équipage[7].

Pour prévenir et éviter les problèmes lors de la réalisation du projet, le responsable s'assure, à l'étape de la planification organisationnelle, de disposer de collaborateurs compétents. Dans sa planification financière, il veille à imputer les budgets nécessaires et à créer des marges de manœuvre respectables.

6.2.9. GÉRER LES CHANGEMENTS

Il est possible que le projet, quoique fort bien planifié, fasse l'objet d'un ou de changements. Le propriétaire-client, par exemple, peut vouloir modifier certaines composantes de manière à adapter le produit aux changements survenus dans l'environnement. Il peut aussi souhaiter accélérer l'avènement du projet pour profiter d'une occasion. Ces changements, malgré une planification rigoureuse, sont légitimes et méritent l'attention du responsable, surtout si le propriétaire-client est disposé à revoir les modalités de l'entente contractuelle.

D'autres contraintes (concurrence, grève, réorganisation, etc.) peuvent également forcer le changement. Le respect des déterminants de délais, de budget et de qualité peut également être une source de changement et forcer le responsable ainsi que l'équipe de projet à modifier le cours des événements.

Dans toutes ces situations, le responsable doit revoir la planification initiale du projet. Il doit évaluer ce qui a été fait, ce qui n'est plus nécessaire de faire et ce qui doit maintenant être fait pour réaliser

---

7.   « La part du rêve : ceux qui s'opposent aux vols habités dans l'espace ont scientifiquement raison mais philosophiquement tort », *L'actualité*, vol. 28, no 3, 1er mars 2003, p. 13.

le projet tel que modifié. L'étude de ces données conduira à une nouvelle planification. Le responsable doit ainsi revoir la planification structurelle, organisationnelle, opérationnelle et financière du projet afin d'assurer que la réalisation se déroule conformément aux modifications apportées.

Si le changement est nécessaire, le responsable de projet a intérêt à en discuter avec ses collaborateurs le plus rapidement possible et à en expliquer les raisons. Enfin, un changement peut aussi mettre en péril le projet. À cet égard, le responsable de projet, écrivent Bruce et Langdon (2001, p. 63), doit se montrer critique :

> Lorsque le changement est dicté de l'extérieur, que ce soit par un supérieur ou par un sponsor, il n'est pas forcément toujours opportun. Déterminez si les ajustements risquent de menacer la réalisation du projet. Si le changement apparaît inutile ou risque d'avoir un effet négatif sur le projet, prévenez ceux qui vous l'imposent des désavantages qu'il comporte. Soyez prêt à vous battre et à proposer des solutions qui garantiront que votre projet se transforme en succès.

6.2.10. RÉGLER LES CONFLITS

Dans ses activités, le responsable de projet aura très certainement à gérer et à régler des conflits avec ses collaborateurs ou entre ceux-ci. Il peut s'agir de conflits interpersonnels, sur lesquels il a peu de prise, ou encore de conflits qui émanent directement du projet.

Les conflits inhérents au projet ont généralement trait à la divergence des besoins entre les personnes ou à la concurrence qui régit le projet. Ces types de conflits sont possibles et émergent souvent du travail en équipe. Le responsable de projet a le défi de gérer ces conflits de manière à éviter qu'ils ne dégénèrent et ne nuisent au projet. Il doit s'assurer que la gestion de ces conflits favorise le changement, la discussion, le développement personnel, la qualité des relations interpersonnelles, etc.

Pour contrer l'émergence de trop nombreux conflits, le responsable de projet s'assure en outre, comme le rappelle Noël (1997, p. 237), d'éviter les « causes » suivantes :

- l'imprécision des buts ;
- la fixation d'échéances irréalistes ;
- l'insuffisance de la planification ;
- l'allocation de ressources inadéquates ;

- le manque d'implication des membres ;
- l'absence ou l'insuffisance de communication ;
- les changements qui modifient les buts ;
- les changements qui modifient l'allocation des ressources ;
- les conflits entre les services.

Le responsable de projet peut également trouver dans son équipe différents styles de comportement : l'agressif, le vaniteux, le désabusé, le bouffon, etc. Dans sa gestion des conflits, il peut choisir entre la confrontation, le compromis, la non-décision, l'imposition ou encore le retrait. Il doit cependant garder à l'esprit que la réalisation du projet est la grande priorité et que son attitude ne devrait jamais la mettre en péril.

S'il a le choix de ses collaborateurs, le responsable de projet évite les trouble-fête et les « caractériels ». Il privilégie un personnel qui croit aux objectifs du projet, qui est motivé et « responsable ». Il s'assure que chaque membre est en mesure de contrôler ses résultats et qu'il dispose d'une marge de manœuvre. Il veille aussi à ce que les rôles de tous et de chacun soient compris et acceptés.

Pour éviter les conflits, le responsable procédera également à une planification rigoureuse du projet, favorisera un climat qui reconnaît le conflit (plutôt que de l'éviter) et agira avec ouverture et honnêteté. Il évitera aussi les jeux de pouvoir entre les collaborateurs et mettra en place des mécanismes de communication pour discuter et appréhender les conflits.

6.2.11. COMMUNIQUER

Comme l'a bien démontré Solange Cormier (1999), la communication est une composante essentielle des activités de gestion. Elle est aussi nécessaire au bon déroulement du projet.

En effet, le responsable de projet doit s'assurer de l'existence de mécanismes facilitant la communication descendante (du responsable de projet aux collaborateurs) et ascendante (des collaborateurs au responsable). Il peut informer ses collaborateurs par des notes de services, des réunions ou encore des rencontres de plus grande envergure. Il favorise tout autant la communication ascendante en étant à l'écoute des préoccupations de ses collaborateurs et facilite l'échange d'information en mettant en place différents moyens de communication (boîte à suggestion) et de rétroaction (réunion, rapport, etc.).

Le responsable de projet veillera également à composer avec la structure informelle de l'organisation qui commande, elle aussi, la productivité[8]. Il portera une attention particulière aux *leaders* de l'organisation, lesquels disposent d'influence dans le groupe, comme à la constitution des groupes. Il favorisera aussi la participation de ses collaborateurs, comme la satisfaction de certains de leurs besoins.

En facilitant les communications dites latérales et horizontales, le responsable de projet favorisera les échanges portant sur le travail et les liens d'amitié. Il pourra même organiser des fêtes d'employés (Noël, tournoi de golf, etc.) pour unir davantage les membres de l'équipe.

Enfin, toujours dans le but de favoriser l'appartenance au groupe, le responsable de projet favorisera un esprit de corps et une culture organisationnelle propre. Pour ce faire, il mobilisera l'équipe en créant un langage commun et facilitera l'intégration des membres à l'équipe.

6.3. LA FIN DU PROJET

Genest et Nguyen (1995, p. 558) distinguent la « terminaison » d'un projet de sa « fin ». La terminaison fait référence au fait de compléter l'étape de réalisation où les travaux ont été exécutés et le projet réalisé. La « fin » du projet signifie plutôt la conclusion finale de l'entente qui stipule les conditions de réalisations du projet. Bruce et Langdon (2001, p. 64) parlent plutôt de « clôture » du projet.

Nous dirons que le projet prend « fin » lorsque le responsable présente le « fruit » du travail effectué et qu'il complète la documentation afférente, exigée dans l'entente contractuelle. Ainsi, un projet prend fin lorsque tous les éléments qui le composent ont été complétés, comme le stipule le mandat.

Lorsque l'étape de réalisation est terminée, que le jalon « fin » est franchi, le responsable peut passer à la quatrième et dernière étape du cycle de vie de la gestion de projet, l'évaluation. Avec l'évaluation et le rapport qui s'en suit, le projet prend alors véritablement fin.

---

8.   Comme l'a bien démontré, notamment, George Elton Mayo (1880-1949) lors d'observations réalisées à la Western Electric de Chicago aux États-Unis et d'entretiens avec les travailleurs. À ce sujet, voir *op. cit.*

7

L'ÉVALUATION

La mémoire du projet

L'évaluation fait suite au jalon «fin» et constitue, pour ainsi dire, la mémoire du projet. Elle permet en effet au responsable de projet et au propriétaire-client de déterminer si les objectifs et les déterminants du projet ont été atteints avec succès. L'étape d'évaluation du projet permet en outre la rédaction d'un rapport dans lequel on consigne les informations et l'expérience portant sur le projet.

L'évaluation peut être réalisée par le responsable de projet ou par le propriétaire-client. L'un et l'autre peuvent alors tirer leurs propres conclusions. L'évaluation peut également être réalisée conjointement.

7.1.   LE BUT DE L'ÉVALUATION

Le but de l'évaluation est de dégager des leçons et des enseignements. Pour Noël (1997, p. 167), par exemple, l'évaluation d'un projet comporte quatre étapes : le bien-fondé ; l'impact ; l'efficacité et l'efficience. Nous retiendrons que *l'évaluation doit permettre au propriétaire-client, au responsable et à l'équipe de tirer des conclusions, de faire le point et de consigner l'information nécessaire et pertinente à la réalisation du projet.* Ce faisant, il importe de revoir l'ensemble du projet de manière critique, d'évaluer les résultats en regard de ceux escomptés et de répertorier les différentes informations et données.

Ainsi, le responsable veille à décrire les réalisations accomplies et les raisons pour lesquelles certains déterminants n'ont pas été respectés. Il énonce, le cas échéant, les correctifs qui ont été apportés. Bref, le responsable de projet présente le travail accompli de manière critique.

Le responsable de projet fait également des recommandations susceptibles de réduire les risques encourus pour la réalisation de tels projets. Il propose des façons de réaliser de tels projets avec davantage d'efficacité et d'efficience.

Le propriétaire-client peut également tirer ses propres conclusions en s'adonnant lui-même à l'évaluation du projet.

7.2.   LA NÉCESSAIRE ÉVALUATION

Lorsque le projet est terminé, l'équipe peut avoir des difficultés à faire le point sur la situation. Les intervenants qui sont maintenant démobilisés et fatigués ne souhaitent plus vraiment revenir sur les différentes étapes du projet et préfèrent passer à autre chose. De fait,

> La pratique de l'évaluation a posteriori n'est pas encore généralisée en gestion de projets. Cela s'explique par différentes raisons. D'abord, une fois le projet terminé, son budget est le plus souvent épuisé : les fonds manquent pour entreprendre l'évaluation a posteriori ; il n'y a pas consensus sur l'importance des bénéfices de celle-ci : de plus, cette évaluation demande du temps et des ressources, que le promoteur préférera souvent affecter à un nouveau projet plutôt qu'à ce qui est parfois perçu comme une sorte d'autopsie d'un projet déjà terminé. Finalement, on veut éviter les tensions que peut susciter l'évaluation a posteriori : malgré toutes les bonnes volontés, en effet, il y a un certain risque qu'une évaluation a posteriori ne tourne au règlement de comptes (Genest et Nguyen, 1995, p. 572).

Le responsable doit prévenir et éviter ce type de situation. En effet, à défaut d'une évaluation, le responsable de projet et le propriétaire-client peuvent difficilement tirer des conclusions. Si le projet a été réalisé avec plus ou moins de succès, le propriétaire-client sera incapable de constater les efforts déployés par l'équipe de projet pour corriger la situation. En revanche, si le projet s'est déroulé avec succès, l'équipe de projet ratera une occasion de présenter et de faire valoir son savoir-faire.

L'évaluation doit également constituer la mémoire du projet. Elle doit permettre de consigner les informations et de réduire l'incertitude afférente à ce genre de projet. En fait, l'évaluation doit contribuer à l'accumulation des connaissances sur ce type de projet. Comme le montre Amghar (2001, p. 38), l'évaluation coïncide avec la fin du projet, le moment où le responsable de projet et l'équipe cumulent beaucoup d'information (figure 7.1).

Enfin, l'évaluation doit, aussi, suggèrent Hazebroucq et Badot (1996, p. 37), créer un effet surgénérateur :

> L'environnement de l'entreprise (clients, utilisateurs, fournisseurs, etc.), comme son organisation elle-même (ses hommes et ses équipes), doit « s'enrichir », apprendre à chaque projet, afin d'être encore toujours plus performante pour faire face à son nouvel environnement. C'est ce que François Jolivet (premier directeur général de TransManche Link) appelle l'« effet surgénérateur du projet » : un projet doit produire globalement « plus de richesse qu'il en a reçu », tant au niveau humain, financier et technique, que pour tous les acteurs, internes ou externes, à l'entreprise.

FIGURE 7.1

Le graphique d'Amghar

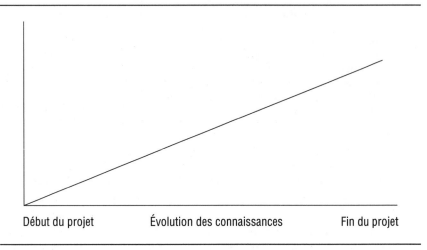

Début du projet   Évolution des connaissances   Fin du projet

Ainsi, il ne s'agit plus de «projet», au sens traditionnel du terme, avec notamment un début et une fin, mais bien d'une toute nouvelle structure d'organisation et d'une toute nouvelle manière de «faire», susceptible d'évoluer dans des environnements dynamiques, caractérisés par une grande incertitude et confrontés à la performance, à la concurrence et à la raréfaction des ressources humaines et financières.

Le jalon qui découle de l'évaluation, c'est-à-dire le rapport, contient ainsi beaucoup plus que l'évaluation *post mortem* du projet. Il est en réalité la mémoire du projet et le prélude à de nouvelles manières de faire.

Nous avons esquissé dans ce manuel les méthodes, les outils, les techniques et les principes associés à la gestion de projet. Nous avons proposé d'adopter ces principes et de les adapter à la réalité des sciences humaines car ils peuvent être utiles aux chercheurs, aux étudiants et aux travailleurs du vaste domaine des sciences humaines. Les analystes de politiques, les publicitaires, les relationnistes, les travailleurs sociaux, etc., peuvent assurément bénéficier des avantages de la gestion de projet et de l'effet domino qui permet de réduire l'incertitude associée à la réalisation d'un projet.

Abordé sans orthodoxie, la gestion de projet peut s'avérer utile non seulement dans le domaine des sciences humaines, mais aussi au quotidien. En effet, aborder la gestion de projet en termes de nouveauté et d'unicité, par exemple, est restrictif et est infirmé par la réalité. De fait, et comme nous l'avons constaté dans ce manuel, les principes de la gestion de projet sont aussi utiles à la construction domiciliaire qu'à la structuration des organisations modernes ou à la conduite d'une recherche universitaire. L'organisation d'un hôpital ou d'une cour de récréation à la petite école peut également bénéficier de la gestion de projet. À l'école, à défaut d'une planification rigoureuse du personnel, les enfants risquent de s'amuser sans la surveillance nécessaire. Quelqu'un, quelque part, doit envisager et prévoir la disponibilité d'un personnel apte à assumer cette tâche. Il ne s'agit pas de coûts ou de bénéfices, mais de l'organisation efficace et efficiente du travail afin de mener, à l'intérieur d'objectifs et de déterminants précis, un projet. Il s'agit d'une nouvelle manière de « faire ».

Certes, les entrepreneurs en construction privilégieront un travail bien fait aux moindres coûts, alors que les gouvernements préféreront un travail qui fait consensus à un coût raisonnable. Dans chacun de ces cas, l'adoption des méthodes, des outils, des principes et des techniques associés à la gestion de projet est un gage de succès. Dans chacun de ces cas aussi, des principes directeurs s'appliquent, lesquels découlent directement de la mission de l'organisation. Ces principes, comme nous l'avons vu, déterminent l'importance qu'il est nécessaire d'accorder aux déterminants de délais, de budget et de qualité.

La popularité de la gestion de projet incite aujourd'hui les chercheurs, les étudiants et les professionnels à «personnaliser» et à spécifier, à leurs propres fins, la gestion de projet – à l'adapter à leurs besoins – et à considérer l'ensemble du cycle de vie de la gestion de projet comme une manière de «faire». Évidemment, le respect des contraintes de délais, de budget et de qualité est toujours une composante essentielle de cette manière de «faire». Ce respect du «triangle vertueux» est cependant l'objet de différentes critiques. Comme bien d'autres, Hazebroucq et Badot (1996, p. 42) lui reprochent sa contre-performance et suggèrent de «communiquer plus et planifier moins ...». Ces auteurs parlent alors «du respect des délais, ... à l'exécution au plus court»; «du respect du budget, ... à la réalisation au moins cher»; «du respect des spécifications, ... à la qualité totale» (en citant C. Navarre, *Ibid.*, p. 42). Il s'agit là, croyons-nous, de principes qui peuvent très certainement profiter aux différents domaines des sciences humaines et au quotidien.

Nous avons poursuivi deux objectifs : d'abord, offrir aux chercheurs, aux étudiants et aux professionnels œuvrant dans le domaine des sciences humaines un traité «adapté» en présentant des méthodes, des outils, des techniques et des principes qui sont davantage appropriés à la réalité de ces domaines. Ensuite, adapter la gestion de projet, avec son orthodoxie, à la réalité des sciences humaines et au quotidien en suggérant des principes qui guident une nouvelle manière de faire.

Nous faisons référence dans ce livre, bien évidemment, à la gestion de projet «pure». Notre travail consistait essentiellement à présenter ces concepts dans un environnement ou un contexte de sciences humaines et de quotidienneté. Nous espérons que cette «contextualisation» sera utile et que les chercheurs, les étudiants et les professionnels en sciences humaines s'approprieront les principes de la gestion de projet.

MONOGRAPHIES

AMGHAR, Alain. *Management de projets*. Montréal, Éditions J.C. inc., 2001.

ARGYRIS, Chris. *Personality and Organizations: The conflicts between system and the individual*. New York, Harper Collins, 1957.

BEAUDOIN, Pierre. *La gestion par projet: aspects stratégiques*. Ottawa, Les Éditions Agence d'Arc Inc., 1984.

BENYAHIA, Hadj. *Les paradoxes des technologies de l'information*. Montréal, ORBICOM, 2000.

BERTALANFFY, Ludwig von. *Théorie générale des systèmes*. Paris, Dunod, 1973.

BLOCH, Alain (dir. publ.). *Déjouer les pièges de la gestion de projet*. Paris, Éditions d'Organisation, 2000.

BORGEAT, Louis, DUSSAULT, René et OUELLET, Lionel. *L'administration québécoise, organisation et fonctionnement*. Québec, Presses de l'Université du Québec, 1982.

BOY, Jacques, DUDEK, Christian et KUSCHEL, Sabine. *Management de projet: fondements, méthodes et techniques*. Paris, De Boeck, 2000.

BRUCE, Andy et LANGDON, Ken. *Développer un projet*. Londres, Mango Pratique, 2001.

CASTELLS, Manuel. *La société en réseaux: L'ère de l'information*. Paris, Fayard, 2001.

CHAMBON, Martine et PÉROUZE, Henri. *Conduire un projet dans les services*. Lyon, Chronique sociale, 1996.

CORMIER, Solange. *La communication et la gestion*. Québec, Presses de l'Université du Québec, 1999.

CROZIER, Michel. *Le phénomène bureaucratique*. Paris, Seuil, 1963.

CROZIER, Michel et Erhard FRIEDBERG. *L'acteur et le système*. Paris, Seuil, 1977.

DAVIDSON, Jeff. *Vous devez gérer un projet?* Paris, VM Press, 2001.

DAVIDSON FRAME, J. *Managings Projects in Organizations*. San Francisco, Jossey-Bass Publishers, 1988.

DUPUY, François et THOENIG, Jean-Claude. *L'administration en miettes*. Paris, Fayard, 1985.

FAYOL, Henri. *Administration industrielle et générale*. Paris, Dunod, 1918.

GELLERMAN, Saul. *Motivation and Productivity*. New York, A.M.A., 1963.

GENEST, Bernard-André et NGUYEN, Tho Hau. *Principes et techniques de la gestion de projets*. Laval (Québec), Les Éditions Sigma Delta, Deuxième édition, 1995.

GIARD, Vincent. *Gestion de projets*. Paris, Economica, 1991.

GOW, James Ian. *Histoire de l'administration publique québécoise, 1867-1970*. Montréal et Toronto, Les Presses de l'Université de Montréal et l'Institut d'administration publique du Canada, 1986.

GOW, James Ian, BARETTE, Michel, DION, Stéphane et FORTMAN, Michel. *Introduction à l'administration publique : une approche politique*. Montréal, Gaëtan Morin Éditeur, 1987.

HAZEBROUCQ, Jean-Marie et BADOT, Olivier. *Le management de projet*. Paris, Presses Universitaires de France, 1996.

HERZBERG, Frederick. *Work and the Nature of Man*. New York, World Publishing Company, 1966.

JOLY, Michel et MULLER, Jean-Louis G., *De la gestion de projet au management par projet*, Paris, AFNOR, 1994.

LAFRANCE, André. *L'effet Cléopâtre*. Montréal, Éditions du Méridien, 2000.

LALONDE, Benoît, HUNT, Dana et ST-PIERRE, Armand. *La gestion informatisée de projet avec Microsoft Project*. Montréal, Éditions Vermette, 1998.

LATOUCHE, Daniel, « La culture du pouvoir : le Cabinet du Premier ministre », dans Gladys L. Symons. *La culture des organisations*. Montréal, Institut québécois de recherche sur la culture, 1988.

LEWIN, Kurt. *A Dynamic Theory of Personality*. New York & London, McGraw-Hill, 1935.

LIKERT, Rensis. *New Patterns in Management*. New York, McGraw-Hill, 1961.

KIMMONS, Robert L. *Project Management Basics : A Step by Step Approach.* New York, Marcel Dekker, Inc., 1990.

MASLOW, Abraham. *Motivation and Personnality.* Harper and Row, New York, 1954.

MAYO, George Elton. *The Human Problems of an Industrial Civilization.* New York, MacMillan Co., 1933.

McGREGOR, D. *The Human Side of Enterprise.* New York, McGraw-Hill, 1960.

MINTZBERG, Henry. *Structure et dynamique des organisations.* Paris, Les Éditions d'Organisation, 1982.

MORGAN, Gareth. *Images de l'organisation.* Québec, Les Presses de l'Université Laval, 2ᵉ édition, 1999.

NOËL, Guy. *Le développement international et la gestion de projet.* Québec, Presses de l'Université du Québec, 1997.

O'NEIL, Pierre et BENJAMIN, Jacques. *Les mandarins du pouvoir.* Montréal, Éditions Québec-Amérique, 1978.

O'SHAUGHNESSY, Wilson. *La faisabilité de projet : une démarche vers l'efficience et l'efficacité.* Trois-Rivières (Québec), Les Éditions SMG, 1992.

PLUNKETT, Lorne C. et HALE, Guy A. *The Proactive Manager.* New York, John Wiley and Sons, 1982.

PONCELET, Maurice. *Le management public.* Montréal, Les Presses de l'Université du Québec, 1979.

RIFKIN, Jeremy. *La fin du travail.* Paris, Éditions La Découverte et Éditions du Boréal, 1996.

SAUVY, Alfred. *Bureaux et bureaucratie.* Paris, Presses Universitaires de France, 1967.

SIMON, Herbert. *Administrative Behaviour.* New York, Free Press, 1976.

SUTHERLAND, Sharon L. et DOERN, G. Bruce. *La bureaucratie au Canada : son contrôle et sa réforme.* Étude réalisée dans le cadre des travaux de la Commission royale sur l'union économique et les perspectives de développement du Canada, Ottawa, Approvisionnements et Services Canada, 1986.

TAYLOR, Frederick Winslow. *La direction scientifique des entreprises.* Paris, Dunod, 1957.

TIMSIT, Gérard. *Théorie de l'administration*. Paris, Economica, 1986.

TIMSIT, Gérard. *Administration et État: étude comparée*. Paris, Presses Universitaires de France, 1987.

WEBER, Max. *Économie et société: Les catégories de la sociologie*. vol. 1, Paris, Plon, 1995.

ARTICLES SPÉCIALISÉS

JOHNSON, Andrew F. et DAIGNEAULT, Jean. « Liberal « chefs de cabinets ministériels » in Quebec: keeping politics in policy making ». *Canadian Public Administration / Administration publique du Canada*, hiver 1988, vol. 31, n° 4.

JULIEN, Germain. « Les styles de gestion des cadres supérieurs vus par les professionnels de la Fonction publique du Québec ». *Canada Public Administration / Administration publique du Canada*, vol. 32, n° 3.

MINTZBERG, Henry. « Organiser l'entreprise: prêt-à-porter ou sur mesure? ». *Harvard – L'expansion*, été 1981.

OUELLET, Lionel. « La privatisation: un instrument de management public? ». *Canadian Public Administration / Administration publique du Canada*, hiver 1987, vol. 30, n° 4.

ROCHER, Guy. « Le sociologue dans l'administration publique et l'exercice du pouvoir politique ». *Sociologie et sociétés*, XII, 2.

TIMSIT, Gérard. « La science administrative d'hier à demain... et après demain ». *Revue du droit public et de la science politique en France et à l'étranger*, juillet-août, 1982.

COUPURES DE PRESSE

BEAULIEU, Carole. « La part du rêve: ceux qui s'opposent aux vols habités dans l'espace ont scientifiquement raison mais philosophiquement tort ». *L'actualité*, vol. 28, n° 3, 1er mars 2003, p. 13.

CHARTRAND, Luc. « Une femme au front ». *L'actualité*, vol. 15, n° 12, août 1990, p. 73.

FERSKO, Henry. « Tracking 1,000 Tasks for under $600 ». *PC Magazine*, 15 novembre, 1988.

AIDE-MÉMOIRE

FIGURE A.1
Aide-mémoire

N°	Étape ou jalon	Composante	Volets	✓
1	Idée			
2	Faisabilité	technique		
		financière		
		économique		
		organisationnelle		
3	Entreprendre			
4	Mandat			
5	Planification	structurelle	Identifier les tâches	
			Déterminer l'ordre d'exécution	
			Regrouper les tâches en groupes	
			Décrire les tâches	
		organisationnelle		
		opérationnelle		
		financière	Coûts directs	
			Coûts indirects	
			Inflation	
			Coûts additionnels	
6	Plan			
7	Mise en œuvre			
8	Réalisation			
9	Projet			
10	Fin			
11	Évaluation			
12	Rapport			

LES RELATIONS PUBLIQUES DANS UNE SOCIÉTÉ EN MOUVANCE, 3ᵉ édition

Danielle Maisonneuve, Jean-François Lamarche et Yves St-Amand
Dans la collection COMMUNICATION-RELATIONS PUBLIQUES

2003, ISBN 2-7605-1217-7, 428 pages   **39$**

Les auteurs présentent, sous une forme inédite, un choix éclairé d'instruments stratégiques des relations publiques. Qu'il s'agisse de recherche, d'analyse, de communication ou d'évaluation, ils proposent une méthode de travail en différentes étapes, comme autant de tableaux de bord servant à établir les balises d'une communication efficace.

Dans la même
COLLECTION

MESURER L'INSAISISSABLE
Méthode d'analyse du discours de presse pour les communicateurs
Lise Chartier
Dans la collection COMMUNICATION-RELATIONS PUBLIQUES

2003, ISBN 2-7605-1220-7, 280 pages   **39$**

Comprenez-vous toujours ce dont on vous parle dans la presse ? Pouvez-vous expliquer clairement ce que vous livre la nouvelle que vous venez de lire, de voir ou d'entendre ? Car la question n'est pas seulement de répéter mots à mots le discours de presse, encore faut-il être en mesure de l'analyser, d'en déchiffrer le véritable sens et de comprendre comment la presse, elle, apprête la nouvelle.

Prix sujets à changement sans préavis

www.puq.ca • 418 · 657-4399

Des campagnes de communication réussies
43 études de cas primées
Marianne Kugler
2004, ISBN 2-7605-1165-0, 304 pages

L'écriture de presse
Violette Naville-Morin
Réédition dirigée par Lise Chartier
2003, ISBN 2-7605-1211-8, 186 pages

Les relations publiques dans une société en mouvance, 3ᵉ édition
Danielle Maisonneuve, Jean-François Lamarche et Yves St-Amand
2003, ISBN 2-7605-1217-7, 428 pages

Mesurer l'insaisissable
Méthode d'analyse du discours de presse pour les communicateurs
Lise Chartier
2003, ISBN 2-7605-1220-7, 280 pages

Un monde sans fil
Les promesses des mobiles à l'ère de la convergence
Magda Fusaro
2002, ISBN 2-7605-1183-9, 258 pages

Comme on fait son lead, on écrit
Antoine Char
2002, ISBN 2-7605-1155-3, 218 pages

Le commerce électronique
Y a-t-il un modèle québécois ?
Jean-Paul Lafrance et Pierre Brouillard
2002, ISBN 2-7605-1154-5, 310 pages

Communications en temps de crise
Sous la direction de Danielle Maisonneuve, Catherine Saouter et Antoine Char
1999, ISBN 2-7605-1028-X, 410 pages

La guerre mondiale de l'information
Antoine Char
1999, ISBN 2-7605-1029-8, 168 pages

MEMBRE DU GROUPE SCABRINI

Québec, Canada
2007